# マズローを読む

## 著作から読み解く人間性心理学

中野 明

Akira Nakano

Books of Maslow

Understanding Humanistic Psychology from his writings

Abraham Maslow

アルテ

自己実現というのは、人間の可能性を実現する過程でもある。

――アブラハム・マズロー『人間性の最高価値』P60

# はじめに

この本は、アメリカで最も著名な心理学者の一人に数えられるアブラハム・マズローの著作について解説したものです。

マズローの名は日本でも広く知れ渡っています。その範囲は心理学分野のみならず経営学の分野にも及んでいます。これはマズローが提唱した欲求階層論が経営理論に取り込まれた結果です。

そのため、経営学の入門書では、フレデリック・テイラーの科学的管理法、エルトン・メイヨーのホーソン実験、ダグラス・マグレガーのX理論・Y理論などとともに、マズローの欲求5段階説が紹介されています（ちなみに「マズローの欲求5段階説」は通称で、マズローはこのような表現を用いていません。詳しくは第1章で述べます）。

ただ、入門書で概要が記述されているためでしょうか。マズローの著作に目を通したことがある人の数は決して多くないようです。ちなみに、この本を手にされている皆さんはマズローの代表的著作のタイトルをご存知でしょうか？

マズローの代表作は『人間性の心理学』で、アメリカでは1954年に出版されました。マズローの欲求階層論に関する論文が収録されているのもこの作品です。以下、マズローの作品をアメリカで出版された年代順に並べると、『完全なる人間』『創造的人間』『自己実現の経営（完全なる経営）』『可能性の心理学』『人間性の最高価値』『マズローの人間論』となり、『人間性の心理学』を含めて全7冊が、マズローの打ち立てた人間性心理学を理解するうえでの基本図書になります。本書はこれらすべてを網羅して解説するものです。

一方、マズローはこれら7冊の著作を通じて多様な考え方を提示してきました。たとえば、「欲求階層論」のほかに、「自己実現論」「自己実現的人間」「至高経験」などは、人間性心理学を理解するうえで必須となる項目、重要キーワードです。マズローのそれぞれの著作では、他にもあるこれら重要キーワードの扱いに軽重があります。

そこで本書では、7冊の著作を紹介するなかで、それぞれの著作が軸足を置いている重要キーワードを中心に解説することを旨としました。そうすることで、マズローの著作の概要を把握するだけではなく人間性心理学に欠かせない重要キーワードをも理解するという、少し欲張った狙いを達成したいと考えています。

以下、プロローグが総論、第1章から第7章が7冊の書籍それぞれに対応する各論になっています。本書がマズロー心理学、人間性心理学の理解に役立つことを願ってやみません。

# 目次

# プロローグ　アブラハム・マズローの主要著作

## ●アブラハム・マズローの生涯

アブラハム・マズローは「人間性心理学（Humanistic Psychology）」の創始者として、「第三の心理学」の旗手として、主に１９３０年代から60年代のアメリカで活躍しました。日本ではいわゆる「マズローの欲求５段階説」があまりに有名なため、その名を知らないという人のほうが少ないかもしれません。

ただし、「はじめに」でもふれたように、「マズローの欲求５段階説」があまりにも一人歩きし、あちこちにマズローやこの理論に関する概説があふれているため、逆にマズローについて理解したつもりになってしまうきらいがあるようです。

プロローグではマズローの生涯を簡単に振り返り、彼がどんな人生を歩んだのかをざっと理解したいと思います。まずは履歴書風にマズローの経歴を紹介しましょう（以下は主にエドワード・ホフマン著『真実の人間』を参考にしています)。

1908年　4月1日、アメリカのニューヨーク州ブルックリンで生まれる。
1927年　コーネル大学に入学。
1928年　ウィスコンシン大学に転学。同年バーサ・グッドマンと結婚する。
1934年　ウィスコンシン大学で学位を取得する。
1935年　コロンビア大学で特別研究員職に就く。
1937年　ニューヨーク市立ブルックリン大学講師に就く。
1941年　『異常心理学原論』をベラ・ミッテルマンと共著で出版する。
1943年　「人間の動機づけに関する理論」(欲求階層論)を発表する。
1946年　ブルックリン大学助教授に就く。
1951年　ブランダイス大学教授および心理学部長に就く。
1954年　『人間性の心理学(動機と人格)』を出版する。
1962年　『完全なる人間』を出版する。
1964年　『創造的人間』を出版する。
1965年　『自己実現の経営(完全なる経営)』を出版する。
1966年　『可能性の心理学』を出版する。

１９６８年　アメリカ心理学会会長を務める。
１９６９年　カリフォルニア州のローリン財団の特別研究員に就く。
１９７０年　６月８日、死去。享年62。
１９７１年　『人間性の最高価値』が出版される。
１９９６年　『マスローの人間論』が出版される。

マズローは最初、哲学に興味をもっていました。しかし、人間を研究するのにより実践的だという理由から心理学を専攻することに決めます。その第一歩となるのがウィスコンシン大学への転学でした。また、この年に生涯の伴侶となるバーサ・グッドマンと結婚したのも人生の大きな転機でした。マズローが弱冠20歳のときです。

マズローが心理学の道を選んだ当時、心理学界には大きく二つの流れがありました。一つは行動主義心理学、もう一つはフロイト心理学です。行動主義心理学は、アメリカの心理学者ジョン・Ｂ・ワトソンが提唱したもので、人間を客観的かつ科学的に研究し、心理学が科学として独り立ちすることを目指しました。そのため、客観的に観察し測定できる「行動」にのみ対象を限定すべきだと主張しました。

一方、もう一つの潮流だったフロイト心理学は、人間を無意識の領域であるイドから生じる生物特有の原始的かつ本能的な欲動に駆り立てられる存在だと位置づけました。イドから生じる欲動に善悪や道徳はありません。なかでもフロイトは、性的欲動が満たされないことによる欲求の不満が神経症の大きな原因だと考えました。フロイトの理論にとって無意識は邪悪な存在であり、無意識から生まれる欲動は文明の価値観と鋭く対立します。

マズローはジョン・B・ワトソンの著作に感銘を受けたこともあり、ウィスコンシン大学では行動主義心理学の訓練をみっちりと受けます。やがて行動主義心理学の立場からサルの行動研究に打ち込みます。1934年には、サルにおける支配行動と性的行動で心理学博士号を取得しました。

ところが、1930年代の終わり頃になると、マズローは行動主義心理学に疑問を抱くようになります。それは、人間をトータルに理解するには、個々人がもって生まれてくる生得的な特徴も含めた包括的なアプローチが不可欠であり、行動主義心理学は適用できる範囲があまりにも狭すぎるのではないか、という疑問です。

その結果マズローは、1930年代の終わりから40年代の初めにかけて、研究の方向を大きく変えて、人間を全体的にとらえる心理学へと向かいます。この方向転換がやがて人間性心理学の成立、行動主義心理学でもフロイト心理学でもない第三の心理学の動きへと連なります。転身後、早くも1943年には、論文「人間の動機づけに関する理論」を公表して、いわゆる「マズローの欲求5段階説」を世に問いました。

1951年にブランダイス大学の教授兼心理学部長に就いたマズローは、以後、次々と著作を出版します。まず、1954年に論文「人間の動機づけに関する理論」を含む『人間性の心理学（動機と人格）』を出版します。また、1960年代に入ると『完全なる人間』（1962年）、『創造的人間』（1964年）、『自己実現の経営（完全なる経営）』（1965年）、『可能性の心理学』（1966年）と立て続けに著作を出版しています。まさに脂にのった時期と表現してもいいかもしれません。

ところが、1970年6月8日、マズローは突然心臓発作に襲われ、自宅のあったカリフォルニア州メロン・パークで急逝します。享年62。それはあまりにも突然で、あまりにも早い死でした。

## ●マズローが打ち立てた心理学の特徴

62年間という決して長くはない生涯でマズローが打ち立てた人間性心理学は、先にも述べたように行動主義心理学でもない、フロイト心理学でもない、第三の心理学に位置づけられます。もっとも第三の心理学は人間性心理学だけではなく、新フロイト主義やアドラー心理学、ユング心理学、ゲシュタルト心理学なども含まれています。いわば第三勢力の総称だと考えればよいでしょう。

マズローによる人間性心理学の最大の特徴は、人間を全体的な存在としてとらえ、「人間の成長を助けて、もっとも豊かな人間性にいたらせ、その最高の潜在能力を最大限に実現成就し、その人に可能な最高の発達をとげさせること」（『創造的人間』P65）を目的にしている点です。

また、人間を全体的な存在としてとらえる際に、人間の経験を最大限に重視し、その経験を客観的かつ包括的にとらえて記述しようとします。マズローがこの態度の拠り所としたのが、誰も信頼せず、自分自身の目で見ることを実践する実存主義および現象学でした。

もちろんマズローは経験のみを優先したわけではありません。経験を詳細に検討したあとは、この経験的知識に基づいて、法則や原理原則といった抽象的な知識を作り出します。そして再び経験に戻り、体系化した抽象的な知識を吟味して純度を高めるよう努めました。マズローはこのような態度を「まず見よ、次に知れ。それからもう一度見よ」(『可能性の心理学』P129)と表現しました。

さらに、人間性心理学が対象とする人間にも特徴があります。フロイト心理学に見られるように、従来の心理学は精神的に疾患をもつ不健康な人々を研究の対象にしてきました。しかしながら、世の中には健康的な人もたくさんいます。不健康な人が健康になるよう手助けするのも重要ですが、健康な人がさらに健康になるように支援するのも重要です。

そこでマズローが採用したのは、健康的な人間を研究の対象にすることです。しかも、一般的な健康人ではなく、人間のなかでも最大限に発展を遂げた最高の健康人を研究の対象にしました。この最高の健康人こそが自己実現的人間です。

マズローは、人間は現実的存在であると同時に、可能的存在だと考えていました。現実的存在とは、いま現在ここで世界を経験している自分自身です。いわゆる「実存」です。これに対して可能的存在とは、人間がもつ潜在能力を最大限に発揮したなり得る最高の自分自身です。

最高の健康人は、人間の理想像として、可能的存在のモデルになります。このモデルと、自分という現実的存在を比較することでギャップが明らかになるでしょう。このギャップを埋めることで人間は人としての成長を手に入れられます。つまり自己実現的人間を研究する人間性心理学は、一般的な人々のさらなる成長に役立つわけです。

さらにもう一つ、人間がもつ基本的な欲求は決して悪ではなく積極的に善だと考えるのも人間性心理学の特徴です。すでに見たように、フロイトは無意識を悪ととらえました。これに対してマズローは、人間がもつ基本的な欲求は無意識に属するものながら、決して悪ではないと考えました。むしろ積極的に善なるものだと考え、悪ではないのならばこれを抑えるよりも、積極的に引き出すほうが望ましいであろうと考えました。

とはいえ、だからといってマズローがフロイト心理学を全否定したわけではありません。マズローはフロイトが指摘した無意識の重要性を十分に理解していました。またマズローは、行動主義心理学についても、ただ適用範囲が狭いだけであって、決して無価値なものとは決めつけていません。マズローが目指したのは、フロイト心理学や行動主義心理学をも包括する心理学の樹立です。この点も人間性心理学の大きな特徴の一つになっています。

## ●マズローの主要著作とその位置づけ

人間性心理学を展開する過程において、マズローが提示した重要な考え方（キーワード）は、それこそ多数あります。これらを理解することは、人間性心理学の理解に直接結びつくでしょう。以下、その重要キーワードを列挙してみました。

- 欲求階層論
- 自己実現論
- 自己実現的人間
- 欠乏欲求（D欲求）と成長欲求（B欲求）
- 生命の価値（B価値）
- 至高経験
- ユーサイキア
- ユーサイキアン・マネジメント
- シナジー
- 実存主義
- 現象学
- 超越的な自己実現者
- 超越的でない自己実現者
- Z理論

本書では、第1章以下を読み進めていくことで、人間性心理学において押さえておかなければならないこれらの考え方を理解できるように配慮しています。その際に、それぞれのキーワードを、マズローの主要著作に準じて解説する方法をとりました。

先に掲げたマズローの経歴を再確認すると、マズローが最初に書籍を出版したのは1941年のことで、ベラ・ミッテルマンとの共著『異常心理学原論』でした。ただしこの著作はマズローが行動主義心理学者として活躍した1930年代の仕事を総括したものであり、本書の眼目となる人間性心理学に向かう以前のものと位置づけられます。その意味で人間性心理学者としてのマズローの著作は1954年の『人間性の心理学（動機と人格）』以降のものと考えて問題ありません。

マズローが『人間性の心理学』以降に出版した著作は、同書も含めて全7冊になることは「はじめに」でもふれました。以下、これらの作品をアメリカで出版された年代順に並べたうえで、それぞれについて短評を加えます。また、本書で解説する章との対応も示したうえで、それぞれの作品を通じて解説する重要キーワードについても示しました。

**1954年『Motivation and Personality（動機と人格）』**

日本語版は1971年に『人間性の心理学』（小口忠彦監訳、産業能率大学出版部）として出版されました。また、1987年には『［改訂新版］人間性の心理学』が出版されています。現在入手しやすいのは後者で、本書で解説するのもこちらです。いわゆる「マズローの欲求5段階説」について記した論文「人間の動機づけに関する理論」はこの作品に掲載されています。

本書では第1章で取り上げ、本作品で展開されている「欲求階層論」「自己実現論」「自己実現的人間」を中心に見ていきたいと思います。

１９６２年『Toward a Psychology of Being（存在心理学を目指して）』

日本語版は１９６４年に『完全なる人間』（上田吉一訳、誠信書房）として出版されました。その第2版が装丁も新たにして１９９８年に出版されています。現在入手しやすいのはこの第2版で、本書で解説するのもこちらです。マズローが『人間性の心理学』の続編に位置づける作品です。

本書では第2章で取り上げ、主に本作品を通じて「自己実現的人間」「欠乏欲求（D欲求）と成長欲求（B欲求）」「生命の価値（B価値）」について見てゆき、マズローの「自己実現論」をさらに深く理解することを目指します。

１９６４年『Religions, Values, and Peak-experience（宗教・価値・至高経験）』

日本語版は１９７２年に『創造的人間』（佐藤三郎、佐藤全弘訳、誠信書房）として出版されました。教育者向けの講演を基礎にした著作で、『人間性の心理学』の続編である前著『完全なる人間』を補完する内容になっています。

本書では第3章で取り上げ、本作品で全般的に取り上げられている「至高経験」について、マズローの考え方を明らかにしたいと思います。

## 1965年『Eupsychian Management（ユーサイキアン・マネジメント）』

日本語版は1967年に『自己実現の経営』（原年廣訳、産業能率大学出版部）として出版されました。また、産業界のリーダーのインタビューやコラムを多数追加した増補版が1998年に『Maslow on Management（マネジメントにおけるマズロー）』として出版されました。こちらの日本語版も2001年に『完全なる経営』（金井壽宏監訳、日本経済新聞出版社）として出版されています。現在手に入りやすいのは後者で、本書で解説するのも『完全なる経営』です。

順番が入れ替わりますが、本書ではこの作品を第5章で取り上げます。これはのちに述べるマズローの著作体系を考えてのことです。この作品を通じて「ユーサイキア」「ユーサイキアン・マネジメント」「シナジー」について詳しくふれたいと思います。

## 1966年『The Psychology of Science（科学の心理学）』

日本語版は1971年に『可能性の心理学』（早坂泰次郎訳、川島書店）として出版されました。この作品の特徴は、マズローが人間性心理学で採用した方法論を克明に解説している点です。その意味で、やはり『人間性の心理学』の続編、あるいは『完全なる人間』を補完する内容になっています。

順番が入れ替わりますが、本書ではこの作品を第4章で取り上げます。ここではマズローが用いた方法論である「実存主義」と「現象学」を解説したいと思います。

1971年『The Farther Reaches of Human Nature（人間の本性の深遠に至る）』

日本語版は1973年に『人間性の最高価値』（上田吉一訳、誠信書房）として出版されました。この作品は、マズローが1970年に急逝する前に出版を計画していたものです。マズローはこの作品に掲載する論文を選んだだけで、結局完成を見ずにこの世を去っています。マズローの死後、妻バーサらが遺稿を整理して出版しました。マズローの思想を全貌できる好著です。

本書では第6章で取り上げます。マズローを理解するうえで重要なキーワードとなる「超越的な自己実現者」「超越的でない自己実現者」「Z理論」は主に当作品でふれられているものです。

1996年『Future Visions（未来を見通す力）』

日本語版は2002年に『マズローの人間論』（上田吉一、町田哲司訳、ナカニシヤ出版）として出版されました。この作品はマズローの詳細な伝記を執筆したエドワード・ホフマンが編集して成立したもので、マズローの未発表論文や手記を網羅しています。マズローの先見やきらりと光る警句、思索遍歴の意外な事実などをあちこちに発見できます。

本書では第7章で取り上げます。マズローや人間性心理学をさらに深く理解するためのとても重要な作品だと言えます。

以上、人間性心理学にかかわるマズローの著作全7冊について簡単に紹介しました。この7作品をあえて体系づけると、図1のように表現できるように思います。

この著作物の体系図には大きく三つの軸があります。まず、マズローが展開した人間性心理学の本流としての軸です。この軸に沿うのが『人間性の心理学』『完全なる人間』『創造的人間』『可能性の心理学』の各作品です。これらは本書の第1章から第4章で取り上げることになります。

次に2番目の軸ですが、こちらはマズローが人間性心理学の領域を経営学までに広げた、本流に対して傍流ともいえる軸です。この軸に沿うのが『完全なる経営』です。もっとも、傍流とはいえ、マズローの名が心理学の領域を越えて広く実業界まで届くようになったのは、この作品に負うところが大きいと言えます。

『完全なる経営』は出版年順で考えると『可能性の心理学』より先です。しかし『可能性の心理学』が本流の軸に属し、本流を紹介する延長線上でふれたほうが本書のストーリーも円滑になるため、本書では『完全なる経営』を5章で取り上げ、『可能性の心理学』と順番を入れ替えて解説しています。

## 図１　マズローの著作体系

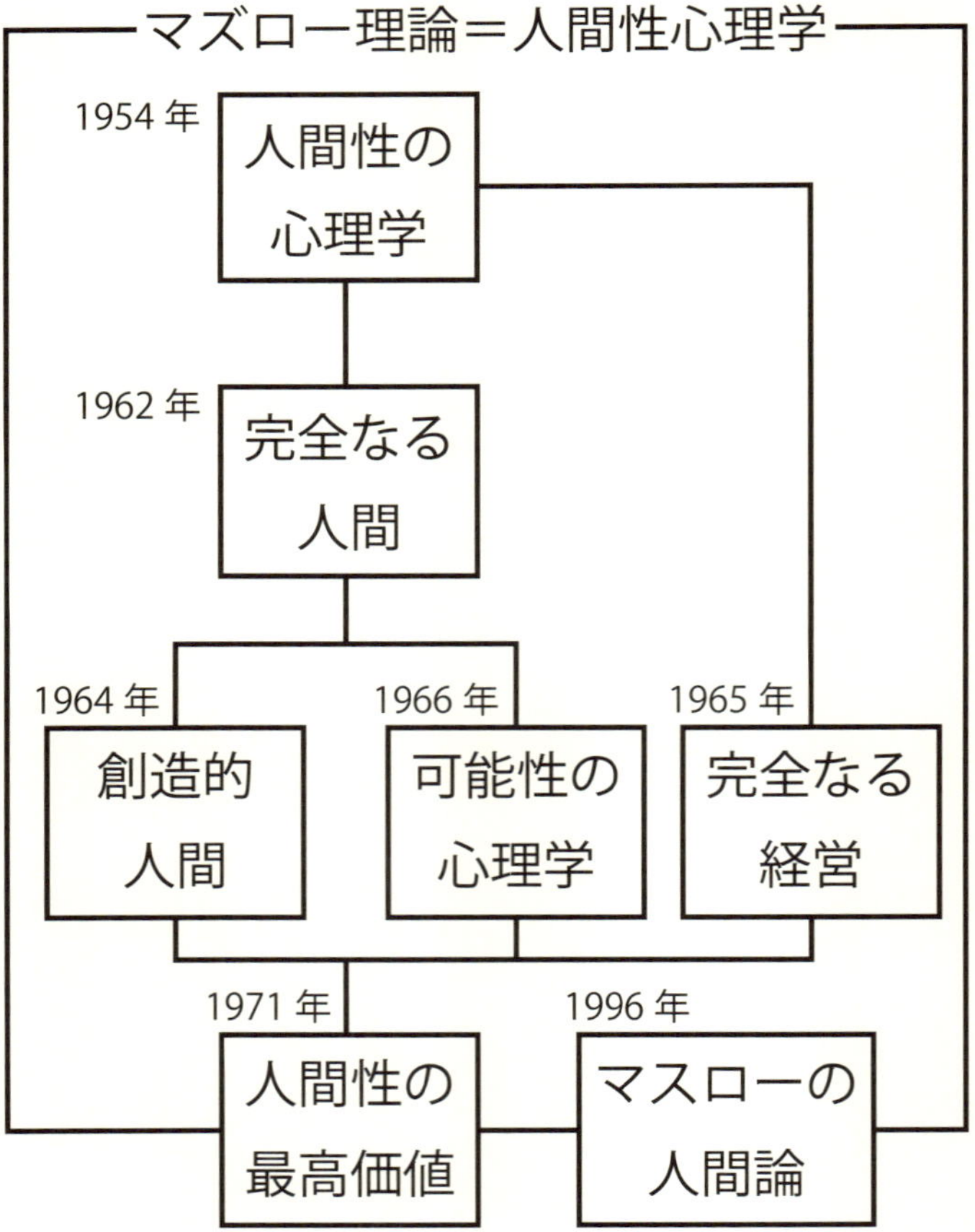

最後に3番目の軸です。こちらは本流と傍流が合体して出来上がった軸で、マズローが生涯に取り扱ったテーマを網羅する作品群です。この軸に沿うのが『人間性の最高価値』『マスローの人間論』です。

以上、本書を読み進めるうえでの基本情報が出そろいました。それでは引き続き、マズローの諸作品に斬り込んでいきます。

まずは、マズローの代表作『人間性の心理学』から始めましょう。

# 第1章『人間性の心理学──モチベーションとパーソナリティ』
## ──「欲求階層論」の原典

●書籍情報

訳　者　小口忠彦
出版年　１９８７年
出版社　産業能率大学出版部

●目　次

## ●「欲求階層論」を知るための基本文献

プロローグでも述べたように、マズローと言えば「欲求階層論（一般に言う「マズローの欲求5段階説」）」を即座にイメージします。マズローがこの欲求階層論を公にしたのは、１９４３年に発表した論文「人間の動機づけに関する理論」でのことです。それから10年以上経た１９５４年、マズローは著作『動機と人格（Motivation and Personality）』を出版します。この著作は「人間の動機づけに関する理論」をはじめ、１９４１年以降に発表したマズローの論文から成ります。マズローの欲求階層論を知るうえで必読の書になっています。

本作品の日本語版は１９７１年に産業能率大学出版部から『人間性の心理学』として出版されました。また、マズローが急逝した１９７０年には本国アメリカで本作品の改定版が出版されています。この改訂版の日本語版も同じく産業能率大学出版部より、『[改訂新版]人間性の心理学』として１９８７年に出版されています。『[改訂新版]人間性の心理学』（以下単に『人間性の心理学』と表記します）は、全16章と2種類の付録から成ります。「部」による区別はありませんが、全体は大きく3部で構成されています。

まず、最初の2章と付録Bでは、科学についていまなお広くいきわたっている古典的伝統的な考え方に対する批判が繰り広げられています。古典的伝統的な科学では、自然界の諸現象を還元論的世界観や機械論的世界観で研究してきました。しかし人間全体の研究を目的にする科学領域では、人間全体から一部を切り出して研究したり、人間がもつ精神や価値を無視して機械論的に取り扱ったりする手法には限界があります。マズローはこの限界を乗り越える科学的手法に言及します。

続く第3章から第7章は、マズローの名を世に知らしめた「欲求階層論」に関する論文をとりまとめています。その中心になるのが、マズローが「欲求階層論」について最初に世に問うた「人間の動機づけに関する理論」です。

　残りの章では、マズローが１９３５年から45年にかけて行った、最も健康的な人間すなわち自己実現的人間の研究とその研究から導き出された健康心理学の可能性について述べています。

　フロイトの心理学では人間がもつ病的な心の一面をあぶり出しました。しかし人間の心は病的なものだけに支配されているわけではありません。健康的な面も存在します。この心の健康面にスポットを当てるのがマズローの言う健康心理学にほかなりません。ちなみに健康心理学は人間性心理学、さらにはマズロー心理学と同義だと考えてよいでしょう。

　ここでは右記の３区分を便宜上第１部、第２部、第３部としましょう。第１部の人間全体を科学する方法論については、マズローが１９６６年に出版した『可能性の心理学』でより深く議論されています。よって、この点については『可能性の心理学』を取り上げる第４章でふれます。

　また、第３部の自己実現的人間を通じた健康心理学の重要性については、『人間性の心理学』の続編にあたる『完全なる人間』で再び議論されています。こちらについても第３章の『完全なる人間』で解説したいと思います。

　ということで本章では、以下『人間性の心理学』に準じながら、マズローの人間性心理学の基礎とも言える「欲求階層論」および「自己実現的人間」についてふれることになります。拙著『マズロー心理学入門』と重複する個所もありますが、できるだけ前著とは異なる観点で解説するよう試みたいと思います。

## ●人間の動機づけに関する理論

マズローの欲求階層論の中身に踏み込む前に、その呼称について一言ふれておきたいと思います。マズローの欲求階層論は一般に「マズローの欲求5段階説」や「マズローの5段階欲求」などと表現されてきました。あえて「一般に」と記したのは、論文「人間の動機づけに関する理論」や他の著作でも、マズローは「欲求5段階説」や「5段階欲求」という表現を用いていないからです。「5つの欲求」や「欲求の階層（ヒエラルキー）」と表現した個所はあるものの、マズローは特に「5段階」に固執しているようには見えません。

ちなみに、誰が最初に「マズローの欲求5段階説」や「マズローの5段階欲求」の用語を作り出したのか、よくわかっていません。本書では「マズローの欲求5段階説」や「マズローの5段階欲求」という表現は用いず、マズローの本意により近いと思われる「欲求階層論」を用います。

また、この「マズローの欲求5段階説」とおおむねセットで用いられるピラミッド図があります（図2）。こちらもマズロー自身が作成したものではありません。論文「人間の動機づけに関する理論」や他の著作にも見られません。『完全なる経営』では同様のピラミッド図を掲載していますが、こちらは編集者の手を経たものです。このピラミッド図も、誰が最初に作ったのかは不明です。

図２　欲求の階層ピラミッド図

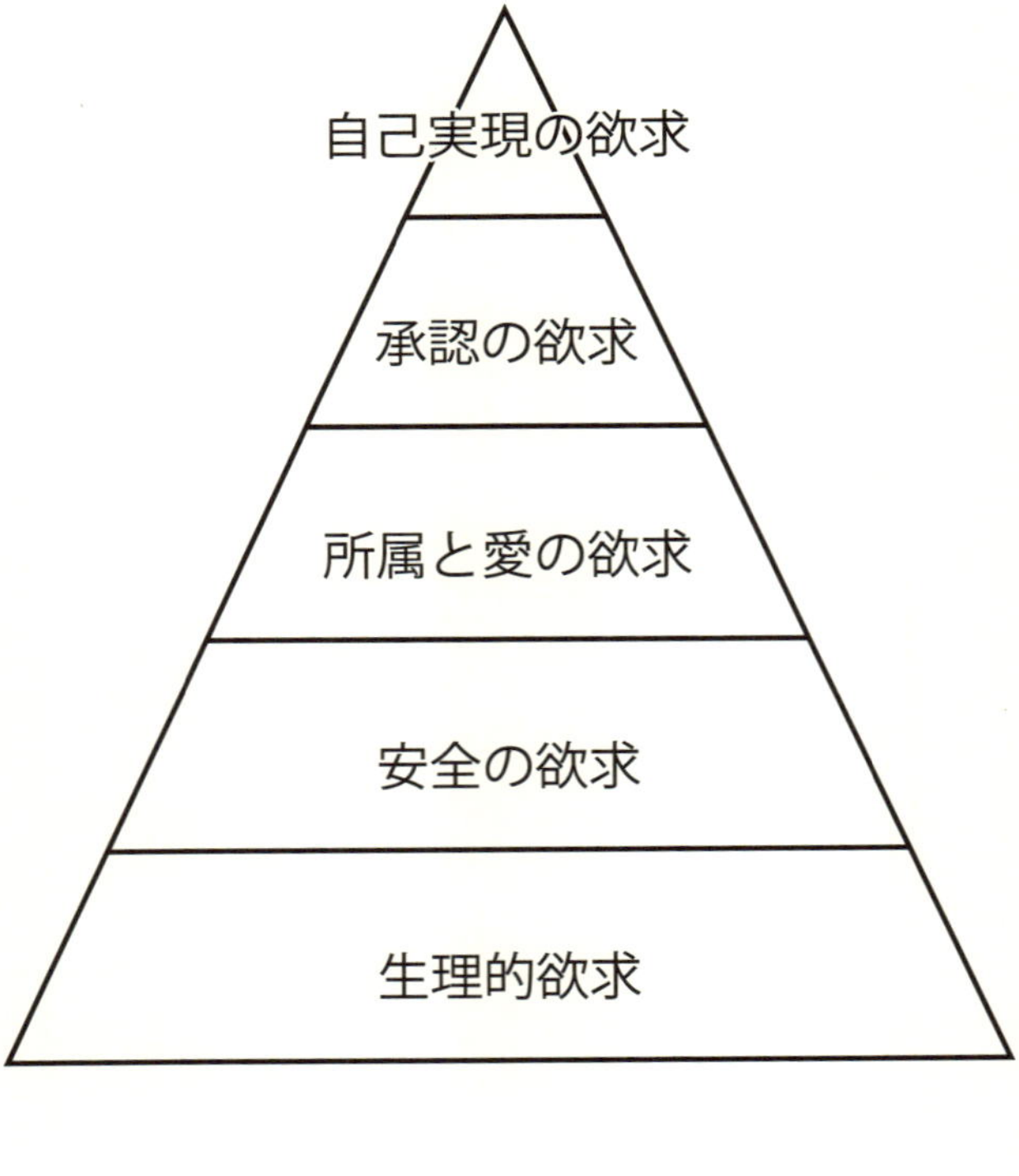

このピラミッド図は、マズローが作ったものではないものの、のちにふれるように欲求が階層的に順序づけられているというマズローの主張をうまく表現しています。しかし、このピラミッド図よりも、よりマズローの欲求階層論の主張に合致した図がほかにあります。こちらはのちに紹介したいと思います。

それではマズローの欲求階層論の詳細について見ていきましょう。まず、この欲求階層論が人間の動機づけを研究対象にしている点を指摘しておきます。これは論文のタイトルが「人間の動機づけに関する理論」になっていることからもわかります。

動機づけとは人間の行動を促す要因のことです。マズローはこの動機づけに「究極的な人間の目標・願望・欲求」が働いているのではないかと考えました。それは無意識的な基本的目標または欲求であり、人間に普遍的に見られるものです。実はこの点を明らかにしたものが、論文「人間の動機づけに関する理論」、すなわち欲求階層論にほかなりません。その主張は主に次の三つが根幹になっています。

①人間には文化にかかわらず相対的に共通する基本的欲求をもつ。
②基本的欲求は階層的に順序づけられている。
③低次の欲求が満足されると、より高次の欲求が現れる。

そのうえでマズローは、人間がもつ基本的な欲求を、①生理的欲求、②安全の欲求、③所属と愛の欲求、④承認の欲求、⑤自己実現の欲求に5分類し、これらが階層を形成していると考えました。この5分類の階層を示したのが、先のピラミッド図です。以下、五つの欲求について簡単に説明します。

## ①生理的欲求

生理的欲求は人を動機づける要因の出発点と言えます。生理的欲求には、ホメオスタシスすなわち人間が自分の身体を正常に保つための基本的な欲求である食欲や睡眠欲、排泄欲などがあります。また性的願望や母性行動など、ホメオスタシス的でないものも生理的欲求に含まれます。

あらゆる欲求のなかで最も優先度が高いのが生理的欲求です。いずれの欲求も満たされない場合、人間には生理的欲求が顕著に現れ、他の欲求を脇に追いやってしまいます。

逆に、生理的欲求が満たされると、その存在は消失したものとみなされ、他のより高次な欲求が優位に立ちます。そしてその欲求が満たされると、さらに高次の欲求が姿を現します。つまり満たされた欲求は動機づけの要因にはなり得ないわけです（ただし自己実現欲求は別です。この点についてはのちにふれます）。

こうしてマズローは「人間の基本的欲求はその相対的優勢さによりその階層を構成している」（『人間性の心理学』Ｐ60）と主張し、この指摘は欲求階層論の重要な考え方になっています。そしてこの階層の最も下部に位置するのが生理的欲求というわけです。

## ②安全の欲求

生理的欲求が満たされると、次に安全の欲求が姿を現します。安全の欲求は、安全、安定、依存、保護、恐怖・不安・混乱からの自由、構造や秩序、法、制限、強固な保護などを求める欲求の総称です。

安全の欲求に対する強い希求は、幼児を見れば容易に理解できます。十分に食事をとった、生理的欲求が満たされている状態にある幼児は満ち足りています。しかし母親が何かの所用で不意にいなくなったことに気がつくと、たちまち大声で泣くなどの身体的反応を見せるでしょう。これは安全の欲求が満たされていないからです。

もちろん安全の欲求は幼児だけに限ったものではありません。社会不安が増大すると先行きの不安感が強まります。そうすると安定した職業が求められる傾向が強くなります。この背景には安全の欲求が大きな動機づけの一つとして働いていると考えられます。

私たちは生理的欲求と同じくらい安全の欲求に支配され、全能力を動員して満足を得ようとすると、マズローは考えていました。

## ③所属と愛の欲求

生理的欲求と安全の欲求が十分に満たされると、今度は所属と愛の欲求が現れてきます。人は孤独や追放された状態、拒否された寄る辺のない状態、根なし草の状態で生き続けるのは困難です。こうして、家族や恋人、友だち、同僚、サークル仲間などに目が向いて、人は共同体の一員として認められたいと思うようになります。また単に一員として加えられるだけでなく、周囲から愛情深く温かく迎えられたいとも思うでしょう。これが所属と愛の欲求です。

ルーツ探しや家系図の整理が長く静かなブームになっています。ともに自分の先祖をたどる活動であり、いずれも自分自身がどのような血統（グループ）に属しているのかを明らかにすることです。この活動の背景には所属と愛の欲求が強い要因として働いていると考えられます。

現代のグローバル社会の背景にも所属と愛の欲求を見て取れます。グローバル化が進むと国と国の境があいまいになり、国家や文化が希薄化します。その反動として人は、自分のルーツを大切にし、同じルーツに所属する人々との連帯感や仲間意識を高める傾向が強まります。これが極端化したものが自分が所属する民族を至上化し他民族を排斥する民族至上主義にほかなりません。その背景には所属と愛の欲求があるようです。

### ④承認の欲求

承認の欲求は「尊厳の欲求」や「自尊心の欲求」とも呼ばれています。

マズローによると、承認の欲求は自己に対する評価と他者からの評価に二分できます。前者は、強さや達成、熟達、能力への自信、独立と自由など、自己をより優れた存在と自認する、いわば自尊心とも呼べるものへの希求です。また後者には、評判や信望、地位、名誉、栄達、優越、承認、注意、重視などがあります。

承認の欲求が充足されると、自分は世の中に役立つ存在だという強い感情が湧いてくるものです。逆にこの欲求が妨害されると、焦燥感や劣等感、無力感などの感情が現れてきます。

### ⑤自己実現の欲求

「自己実現」という言葉は心理学者クルト・ゴールドシュタインが初めて作り出したものです。生理的欲求、安全の欲求、所属と愛の欲求、承認の欲求が満たされたとしても、人は自分に適していることをしていないのならば新しい不満が生じるものです。

マズローは、自分自身が最高に平穏であろうとするならば、「音楽家は音楽をつくり、美術家は絵を描き、詩人は詩を書いていなければならない。人は、自分がなりうるものにならなければならない。人は、自分自身の本性に忠実でなければならない」（『人間性の心理学』Ｐ72）と述べています。このように、なるべき自分になろうとする欲求を、自己実現の欲求と呼びます。

自己実現の欲求は、人が潜在的にもっているものを実現しようとする傾向、よりいっそう自分であろうとすること、自分がなりうるすべてのものになろうとする願望とも言えます。また、個人差が非常に大きいのも自己実現の欲求の特徴です。

## ●欲求階層論をより理解するために

以上、マズローが指摘した欲求の階層を構成する5種類の欲求について説明してきました。この欲求階層論をより深く理解するには、さらに次の点を押さえておく必要があります。

まず、欲求階層論が成立するには前提条件があるということです。それは、言論の自由や戦争のない世界、自己表現の自由な世界、自己防衛の自由、調べたり情報を収集したりする自由が約束されていることです。これらの自由が妨害される世界では、欲求階層論の成立は難しくなります。

次に、欲求の階層に基本的な順序はあるものの、決してそれは不動のものではないことも理解しておくべきです。たとえば、所属や愛よりも名誉を重視する人や、あるいは芸術家のように創造への意欲が他のいかなるものよりも重要である人がいるものです。

さらに、欲求階層論では、下位の欲求が１００％満たされてはじめて、次の欲求が生じると主張しているわけではありません。下位の欲求がある程度満たされると一段上の欲求が頭をもたげてきます。そのため人間は五つの階層においてそれぞれある程度は欲求が満たされているというのがマズローの見立てです。

この点に関してマズローは、独断であてはめた数字を示しています。これによると、一般的な人間ではそれぞれの満足度が、生理的欲求85％、安全の欲求70％、所属と愛の欲求50％、承認の欲求40％、自己実現の欲求10％になっています。

厳密性はともかく、実はこの数字と先に見た欲求の階層ピラミッド図を組み合わせると、欲求階層論の意図をより上手く表現できる図を作れます。前提としてここでは、ピラミッドを構成する各欲求の階層の大きさ（面積）が、それぞれの欲求に対する、マズローが示した満足度を示しているとします。

次に五つの欲求それぞれが１００％満たされている状態のグラフィックス・イメージを考えてみましょう。おそらく、中央に置いたピラミッドを囲む四角形がそれに相当するでしょう（図３）。

この四角形には象徴的な意味合いが含まれています。この四角形は五つの欲求を１００％満たしていますから、完全なる自分自身、人がもっている潜在能力を存分に発揮して、最大限の満足を得ている状態だと言えます。潜在的に達成可能な自分がなり得るすべてのものになった状態だとも言い換えられます。つまりこの四角形は、先にふれた「可能的存在」を象徴するものであり、「完全なる自己」とでも呼べるものです。

この可能的存在である完全なる自己に対して、アミのかかったピラミッド部分は、まだ完全な自己に至っていない、「現実的存在」としての自分自身だと定義できます。そしてマズローの見立てによると、一般的な人ではその達成度が、生理的欲求85％、安全の欲求70％、所属と愛の欲求50％、承認の欲求40％、自己実現の欲求が10％だというわけです。

図 3　欲求の階層の新たなイメージ（発展図）

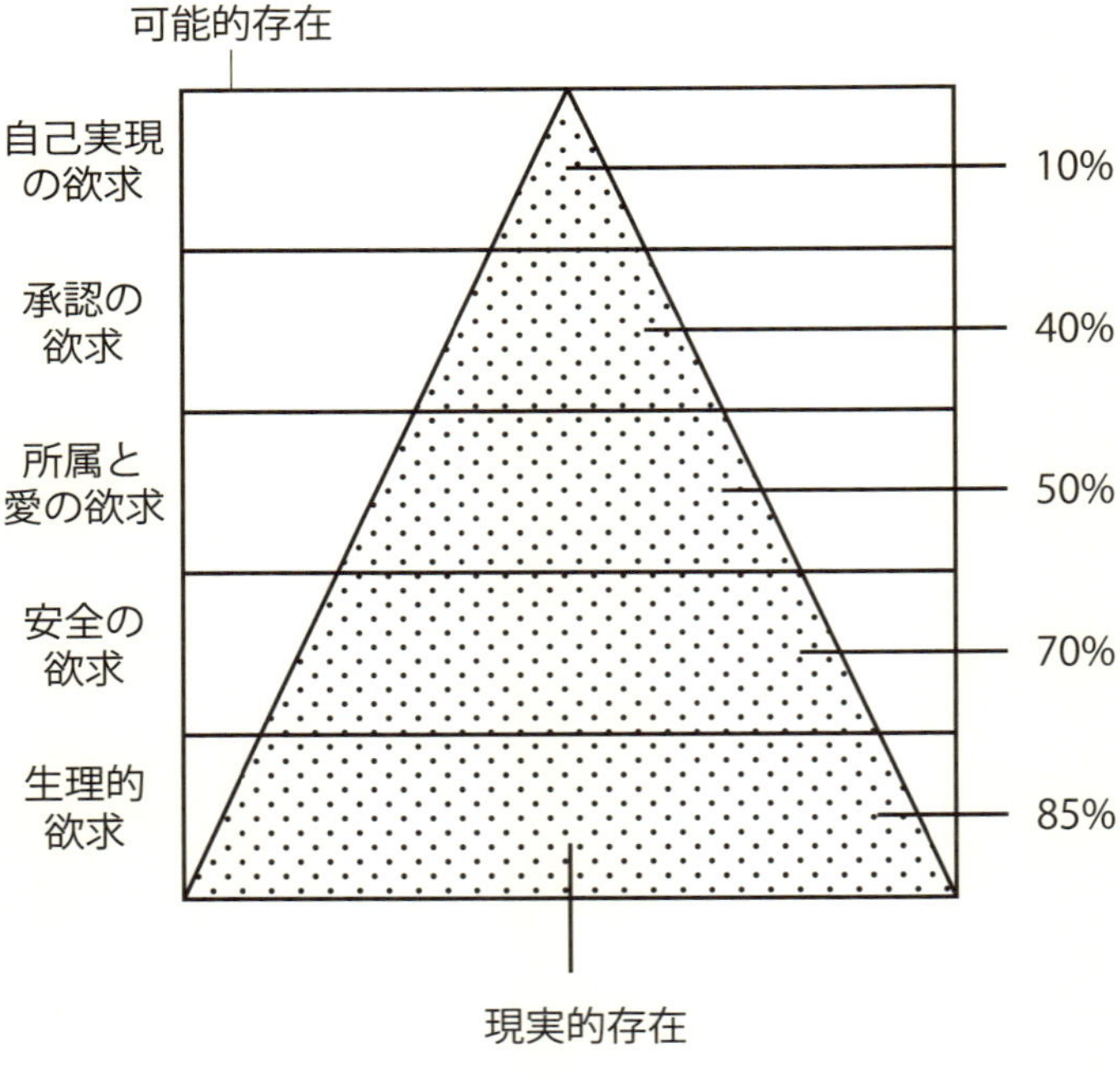

以上の点はすでに前著『マズロー心理学入門』でも述べました。しかしたいへん重要な個所だと言えるので、さらに次の一節も付け加えておきます。

このように、マズローの欲求階層論を四角形とピラミッドの組み合わせで表現することで、いまだ潜在的な能力が開花せず、その結果自己実現に至っていない私たち自身を象徴的に表すことができます。私たちは現実的存在としての三角形を、可能的存在である四角形へと変えるよう努めなければなりません。言い換えるとこれは、自己実現を目指すことにほかなりません。

## ●欲求の満足と健康度

マズローは『人間性の心理学』収録の論文「高次の欲求と低次の欲求」において、欲求を低次と高次に分類して、高次の欲求の満足が人間に多くのメリットをもたらすと指摘しています。ただしここで用いている「高次」「低次」は「相対的に高次」「相対的に低次」という意味です。安全の欲求は生理的欲求よりも相対的に高次ですが、所属と愛の欲求よりも相対的に低次だと言えば、その意味するところがわかると思います。

マズローは高次の欲求には次のような特徴があると指摘しました。

**①進化的にあとから発達したものである。**

②個体発生的に後から発達したものである。
③高次な欲求ほど、満足のための緊急性が低くなる。そのため、場合によっては永久に消失することもある。
④高次レベルでの生活は、生物として有能性が高く、より長寿で、病気が少なく、健康的である。
⑤主観的に見ても、緊急性が少ない。
⑥高次欲求の満足で、望ましい主観的結果——真の幸福、平静さ、内的生活の豊かさがもたらされる。
⑦健康的で精神病理から遠ざかる。
⑧低次の欲求が満たされる必要があるため、高次の欲求ほどより多くの必須条件をもつ。
⑨高次欲求の実現には、より良い外的条件が必要である（戦争や自由の剥奪などは論外）。
⑩高次の欲求と低次の欲求を共に満足した人は、通常高次の欲求に大きな価値を認める。
⑪欲求レベルが高次なほど、愛の同一視の対象は広がる。
⑫高次の欲求の満足は、利己性が減少し、社会にも好ましい結果をもたらす。
⑬高次欲求の満足は低次欲求の満足よりも自己実現に近い。
⑭高次欲求の満足は、より真実の個性につながる。
⑮欲求の低いレベルでは心理療法は役立たない。
⑯低次の欲求は高次の欲求より明確で部分的で限定されている。

『人間性の心理学』Ｐ１４６～１５０

高次な欲求も低次な欲求と同様、本能的で生物的なもの、また無意識的なものだというのがマズローの見方です。しかし無意識的なものだからといって、決して「悪」ではありません。人間の基本的な欲求や基本的な情緒、能力は中立でモラル以前、あるいは積極的に「善」だとするのがマズローの立場です。

悪ではないならば、これを抑えるよりも引き出した方がよいでしょう。そうすれば、より健康になり、より生産的になり、より幸福になります。実際、右で掲げたリストを見ると、高次な欲求をより満たすことが人間の健康に貢献することがわかります。

言い換えると、安全の欲求のレベルにいる人は、生理的欲求を満たしていることから、生理的欲求のレベルにいる人よりも健康的だと言えます。また、所属と愛の欲求のレベルにいる人は、生理的欲求や安全の欲求を満たしていることから、これらのレベルにいる人よりも健康的だと言えます。同様のことが、承認の欲求のレベルにいる人、自己実現の欲求のレベルにいる人にも言えます。つまり欲求の階層がどの程度満たされたかということが、心理的健康の程度と正の相関関係をもつわけです。

もちろんこのなかで最も健康的なのは自己実現の欲求のレベルにいる人です。以下、欲求階層論の最上階に位置する自己実現の欲求について、もう少し詳しく見てみることにしましょう。

## ●自己実現の基本的な意味

自己実現は「Self-actualization」の訳語です。ここではまず、マズローが『人間性の心理学』のなかで、自己実現をいかに定義しているかを確認しておきます。

> **自己実現を大まかに、才能や能力、潜在能力などを十分に用い、また開拓していることと説明しておこう。自己実現的人間とは、自分自身を実現させ、自分のなしうる最善を尽くしているように見え、ニーチェの『汝自身たれ！』という訓戒を思い起こさせる。彼らは自分たちに可能な最も完全な成長を遂げてしまっている人々、または遂げつつある人々である。**
>
> 『人間性の心理学』　P223

マズローの自己実現の定義から、「才能や能力、潜在能力などを十分に用い、また開拓している」ような人物を自己実現的人間と呼ぶことができます。『人間性の心理学』収録の論文「自己実現的人間（Self-actualizing people）——心理学的健康の研究」では、この自己実現的人間の特徴について踏み込んだ議論を展開しています。

そもそもマズローが自己実現や自己実現的人間の考察をするきっかけになったのは、マズローの師である心理学者マックス・ウェルトハイマーと文化人類学者ルース・ベネディクトに負うところが大でした。

マズローにとって2人は普通の人間ではなく、人間以上の何かであったと言います。そこでマズローは、彼らのどこがそれほど魅力的なのかを解き明かすため、その特徴を記録することにしました。まず、ウェルトハイマーに関するメモを作り、同様にベネディクトに関してもノートをこしらえました。やがて彼らの特徴を記録していくうちに、マズローは２人の型が共通していて一般化できることに気づきます。

こうしてマズローは自己実現的人間の一般的な特徴をさらに掘り下げるため、本格的な調査に乗り出しました。この研究結果が、１９５０年に世に出た、先の論文「自己実現的人間――心理学的健康の研究」です。

この論文のなかでマズローは、自己実現的人間に共通する要因を15項目掲げています。その詳細について見る前に、まずマズローがどのような基準で、何人くらいの自己実現的人間を選び出してその特徴を調査したのかを確認しておきましょう。

まず選択基準ですが、神経症や精神病質、精神病、またはそのような強い傾向にあてはまらないことです。これはいわば負の基準です。これに対して正の基準は、才能や能力、潜在能力などを十分に用い、また開拓していて、自分に可能な最も完全な成長を遂げてしまっていることです。

この基準に基づいてマズローは、現代人でかなり確実な者（７名）、現代人で非常に可能性がある者（２名）、歴史上の人物でかなり確実な者（２名）、有名人および歴史上の人物で非常に可能性が高い者（7名）、現代人で、確かにかなり不十分なところはあるものの、それでも研究に使える者（5名）、潜在的もしくは可能性のある症例・他者によって示唆、もしくは研究された症例（37名）を選び出しました。

このように、マズローが採用した自己実現的人間の選択方法は、厳密性という点で不十分なようにも見えます。ただしこの点についてはマズロー自身も十分認識しており、論文のなかで、この自己実現的人間の研究が、あくまでも個人的なものであり、方法論的に欠けるところがあると断っています。また、のちの著作『完全なる経営』では、自己実現の研究はサンプリングに関して多くの過ちを犯しており、従来の基準に照らせば、不十分で問題の多い実験と言わざるをえない、とも述べています。そのためマズロー自身も、この研究を暫定的な仮説としてとらえています。

以上の点に留意しつつ、以下、マズローが列挙した自己実現的人間の特徴に関する15項目の概要を『人間性の心理学』を基に見ていきたいと思います。

## ●自己実現的人間に共通する15要因

### ①現実をより有効に知覚し、それとより快適な関係を保つこと

自己実現的人間は他人を正しく判断する能力に非常に長けています。人がごまかしや作り事、不正直な行為などを行ったとしたら、自己実現的人間はそれを即座に見つけ出します。

また、経験的な事柄と抽象的な事柄を識別する能力が非常に高いのも自己実現的人間の特徴です。そのため、人工の概念や抽象、期待、信念、固定観念にとらわれることなく、現実の世界を自然体で生きることができます。

**②受容（自己・他者・自然）**

自己実現的人間は、自分自身や自分自身の性質がもつ欠点に不平を感じず、あるがままを受け入れ、その問題についてあまり考えません。他者についても同様で、仮に他者に罪深さや弱さ、邪悪さがあったとしても、自己実現的人間は自然を自然のまま受け入れるように、あるがままを受け入れます。

**③自発性・単純さ・自然さ**

自己実現的人間は、行動が自発的ですが、それにも増して内面生活や思想、衝動においてさらにいっそう自発的だという特徴をもちます。しかも、その自発性は努力によるものではありません。より完全な自分になろうとする衝動が彼らを自発的にさせるのです。

**④課題中心的**

自己実現的人間は、自分自身以外の問題に強い関心を示します。自己中心的というよりも課題中心的です。人生において何らかの使命や達成すべき任務、自分たち自身の問題でない課題をもっていて、それに多大なエネルギーを傾注しています。

**⑤超越性——プライバシーの欲求**

自己実現的人間は、独りでいてもあまり傷ついたり不安になったりすることはありません。これは、平均的な人々よりも孤独やプライバシーを好むからです。また、争いごとにも超然としています。ただそのような態度が時に他人には、冷たさや愛情の欠落、友情のなさ、敵意と映ることがあり、社会生活においてある種の面倒を引き起こす原因になることがあります。

**⑥自律性——文化と環境からの独立、意志、能動的人間**

自己実現的人間は、欠乏欲求ではなく成長欲求を基礎にしているため（この点については次章で詳しくふれます）、物理的環境や社会的環境から比較的独立しています。彼らが興味をもつのは自分自身のたゆみない成長です。そのため、自分自身がもつ可能性と潜在能力を頼りにします。その結果、外部依存的ではなく、環境から独立する傾向が強くなるわけです。

**⑦認識が絶えず新鮮であること**

他の人にとってもはや新鮮味がなく陳腐なことでも、自己実現的人間は驚きや恍惚感さえもって認識する特徴があります。人間は「注意を型にはめること」ができます。経験を型にはめて分類しておけば、次に経験する際にエネルギーと努力を節約できます。これは一面でとても便利な機能です。しかしながら、私たちは型にはめなくてもいいものまでも型にはめてしまいます。事務所に置いた観葉植物、ベランダに置いた草花、そのベランダから臨む夕日、いずれも最初は美しかったにもかかわらず型にはめてしまうと感動が極度に薄れます。認識の新鮮さを保つうえで要注意です。

### ⑧神秘的経験――至高経験

自己実現的人間の多くは、心理学者ウィリアム・ジェームズが言う宗教的経験と同様の体験をしています。宗教的経験とは、恍惚や至福、最高の喜びの経験です。マズローは、同様の経験が宗教の場のみでおこるのではないことから、これを「至高経験（Peak-experience）」と呼びます。以後、マズローは至高経験の研究を深めていきますが、その点については本書の第3章でふれます。

### ⑨共同体感覚

共同体感覚とは心理学者アルフレッド・アドラーが指摘したもので、人が全体の一部であること、全体とともに生きていることを実感することを指します。自己実現的人間は、この共同体感覚を強く有しています。共同体感覚を得るには私的な論理で行動するのではなく、共同体に貢献するように行動する必要があります。

⑩対人関係

自己実現的人間は、心の広い深い対人関係を取り結びます。ただし関係を結ぶ相手は決して多くありません。また、彼らが相手とする人々は、自己実現的人間かそれに近い人だという点も特徴の一つです。このようなことから、自己実現的人間は、少数の人々と特別に深い結びつきをもつと言えます。

⑪民主的性格構造

自己実現的人間は、最も深遠な意味で民主的という特徴をもちます。マズローが言う「深遠な意味で民主的」とは、彼らにとってふさわしい性格の人ならば、階級や教育程度、政治的信念、人種、皮膚の色に関係なく、誰とでも親しくできるという意味です。自己実現者が相手を評価する基準は、その人がもつ性格や能力、才能です。

⑫手段と目的の区別、善悪の区別

自己実現的人間は、正邪や善悪を区別する高い倫理観、はっきりとした道徳基準をもちます。正しいことを行い、間違ったことは行いません。またその際に手段と目的を区別し、概して手段よりも目的を重視するのも自己実現的人間の大きな特徴です。

### ⑬哲学的で悪意のないユーモアのセンス

自己実現的人間のユーモアは通常の人とは異なっています。それは優越感や権威に対するありがちなユーモアではありません。また、ただ笑わせるというものでもありません。それは諺や寓話にも似たより心地よいユーモアです。

### ⑭創造性

自己実現的人間は、特殊な創造性、独創性、発明の才をもっています。マズローはこの点を「例外なく」と強調しています。またマズローは、自己実現的人間の創造性が、天真爛漫な子どもがもつものと同類だとも述べています。

子どもがもつ創造性は、人間が生まれながらにして与えられた可能性です。ところが、人が社会化されるなかで失われていくものです。この能力をもち続けるか、あるいは一旦失ったあとでそれを回復するのが自己実現的人間です。

### ⑮文化に組み込まれることに対する抵抗、文化の超越

自己実現的人間は、文化に組み込まれることに抵抗し、内面的な超越を保持しています。これは文化に対して反逆しているわけではありません。彼らは社会の法則ではなく自身の法則に支配されている点で超越的なのです。

## ●従来とは異なる心理学の必要性

以上、マズローが特定した自己実現的人間に共通する15の特徴について見てきました。では、自己実現的人間と自己実現的ではない一般的な人々の最大の違いはどこにあるのでしょうか。この点についてマズローは、自己実現的人間の3番目の特徴である「自発性・単純さ・自然さ」で次のように述べています。

最も深遠な差異とはすなわち、自己実現的人間の動機づけられた生活は、普通の人々のそれとは量的のみならず質的にも異なっているということである。（中略）普通の人の場合、動機づけとは自分たちに欠けている基本的欲求を満足させるために努力することである。しかし、自己実現的人間の場合には、実際のところ基本的欲求の満足については何ら欠けるところはないのだが、それでもなおかつ彼らには衝動があるのである。普通の意味ではないのだが、彼らは働き、試み、そして野心的である。彼らにとって動機づけとはまさに人格の成長であり、性格の表現であり、成熟であり、発展である。すなわち、一言で言えば自己実現なのである。

『人間性の心理学』Ｐ２３７〜２３８

自己実現的ではない一般的な人々は、「自分たちに欠けている基本的欲求」を満足させるために努力します。対して自己実現的人間の動機づけとは「人格の成長」だとマズローは言うわけです。この点を、もう少し詳しく見てみましょう。マズローは、両者の欲求（または動機）について、自己実現的人間の６番目の特徴である「自立性――文化と環境からの独立、意志、能動的人間」で、次のように述べています。

**自己実現者は、欠乏動機よりも成長動機によって動かされているので、彼らの満足は現実の世界や他の人々、文化や目的達成のための手段などといった、一般にいう外部の非本質的な満足のいかんによるものではない。むしろ、彼らは自分自身の発展や、たゆみない成長のために、自分自身の可能性と潜在能力を頼みとする。**

**『人間性の心理学』Ｐ２４２〜２４３**

つまり、自己実現的ではない一般的な人々が動機とする「自分たちに欠けている基本的欲求」とは「欠乏欲求」、自己実現的人間が動機とする「人格の成長」とは「成長欲求」というシンプルな語で表現できます。

そのうえでマズローは、「我々は自己実現者のためには、普通のとはまったく異なる動機づけの心理学、たとえば欠乏動機に関するものというよりむしろメタ動機、成長動機に関する心理学を構築しなければならないように思える」（『人間性の心理学』Ｐ２３７）と述べています。

実際にマズローはこの言葉どおりに自身の心理学を発展させます。のちにマズローは欠乏欲求を

「D（Deficiency）欲求」、成長欲求を自己実現的人間の存在に深く変わることから「B（Being）欲求」と表現し、特に「成長欲求＝B欲求」の研究を進めていきます。それが花開くのは、マズローが『人間性の心理学』の続編と位置づける著作『完全なる人間』でのことです。

次章では『完全なる人間』にふれながら、欠乏欲求や成長欲求について検討し、自己実現的人間の特徴をより明確にしたいと思います。

# 第２章『完全なる人間――魂のめざすもの』――「自己実現」をより考察する

●書籍情報

訳　者　上田吉一
出版年　１９９８年（第２版）
出版社　誠信書房

●目　次

## ●健康の心理学を目指すマズロー

本作『完全なる人間』は前作『人間性の心理学』の続編に相当します。この点については、マズローが本作の序文でそのように書いています。本作は全6部、14章から成っており、『人間性の心理学』が出版された1954年から1960年にかけての講演原稿や論文を収録しています。

本文の構成としては、大きな理論的な体系を示した上で、その都度体系から一部分を取り出して議論する体裁をとっています。理論体系に相当するのが第1部で、ここには「緒言　健康の心理学へ」「心理学が実存主義者から学び得るもの」の2本の論文を収録しています。

前章の最後で、マズローは自己実現的人間を対象にした心理学の必要性に言及したと述べました。この言葉どおりマズローは、自己実現的人間の研究を深め、「健康と成長の心理学」「健康と自己実現の心理学」、あるいは単に「健康心理学」という新たな心理学の展開を本作品で目指しています。その立場を表明したのが第1部の「緒言　健康の心理学へ」です。

マズローは、健康心理学の特徴として、最も健康的な人間すなわち自己実現的人間の研究を挙げています。そのうえで、彼らを理想的なモデルとすることで一般の人々がその理想像に少しでも近づけるようにすることを、健康心理学の目標にすえています。

プロロークでも書いたように、マズローは、人間は現実的存在であると同時に、可能的存在だと考えていました。最高の健康人は、人間の理想像として、可能的存在のモデルになります。このモデルと、現在の自分という現実的存在を比較することでギャップを明らかにし、このギャップを埋めることで人間は人としての成長を手に入れられます。これこそがマズローの目指す「健康と成長の心理学」すなわち「健康心理学」です。ただし、表現は異なるもののいずれも「人間性心理学」の言い換えにほかなりません。

以上が、第1部の「緒言　健康の心理学へ」の要旨です。さらに「健康心理学＝人間性心理学」に関する方法論の立場について説いたのが「心理学が実存主義者から学び得るもの」です。

この点もプロローグでふれましたが、マズローが人間性心理学を展開する上で採用した方法論は、実存主義と現象学でした。この方法論については第4章で扱う著作『可能性の心理学』の中心テーマになっていますので、詳細は第4章に譲りたいと思います。

このような第1部を受けて、第2部以下は、マズローが「その時その時に一部分を取り扱っている」と書くように、「健康心理学＝人間性心理学」に欠かせないテーマを取り上げています。これらのテーマはいずれも自己実現もしくは自己実現的人間に関連する点が特徴になっています。

そういう意味で、前著『人間性の心理学』では、欲求階層論および自己実現的人間の存在について明らかにするとともにその特徴を示したのに対し、続編にあたる『完全なる人間』では、自己実現もしくは自己実現的人間に関する研究がより深まっています。

その深まりは、「自己実現と人間の成長のかかわり」「自己実現的人間に特有な認識の特徴（至高経験）」「自己実現と創造性」「自己実現的人間が重視する価値」「成長と自己実現の心理学に関する基本的命題」のように、作品の章タイトルに表れています。

以下、この章では特に自己実現と成長、自己実現と価値、自己実現と創造性に焦点を当てて、マズローが『完全なる人間』で展開する議論を紹介したいと思います。

## ●あいまいな自己実現の概念

著作『完全なる人間』は、健康心理学の展開を目指すものであり、そして健康心理学の最大の研究対象が自己実現あるいは自己実現的人間になります。しかし、普段何気なく使う「自己実現」という言葉ですが、定義があいまいで人によってさまざまな使い方、とらえ方がされているのが現状ではないでしょうか。

この点についてはマズローも気がついていたようです。そのためマズローは『完全なる人間』の冒頭で、「自己実現」という語がもつ次の六つの欠点を挙げています。

①愛他的というより利己的な意味が強いこと。
②人生の課題に対する義務や献身の面が稀薄なこと。
③他人や社会との結びつきをかえりみないばかりか、個人の充実が「よい社会」にもとづいている点を看過していること。
④非人間的な現実のもつ強要的性格や本質的魅力、興味を無視していること。
⑤無我と自己超越の面がなおざりにされていること。

⑥それとなく能動性を強調し、受動性、受容性についておろそかにされていること。

『完全なる人間』Ｐix〜x

自己実現者が愛他的で献身的、自己超越的、社会的である事実を述べても偏見は払拭されない、とマズローは歎いています。そのため、本来は「自己実現」よりも「完全な人間性」という言葉のほうがふさわしいのかもしれない、とまでマズローは表明しています（とはいえ、自己実現の呼称が完全な人間性にとって変わることはありませんでした）。

もっとも、自己実現という語に関する欠点あるいは誤解は、マズローが挙げた６項目で網羅されているとは言い難いと思います。一般に自己実現という語は「自分のなりたい人間になること」だと理解されているようです。しかし、基本的にこれは自己実現の誤った理解の仕方です。どういうことか説明しましょう。

自己実現が「自分のなりたい人間になること」だとすると、自堕落な人生を送る人やギャンブルに血道をあげる人が、「これぞ私のなりたい人間なのだ」と宣言すれば、彼らは自己実現していることになります。もちろんマズローからすれば彼らを自己実現的人間に加えることはあり得ないでしょう。というのも、そもそも自己実現とは必ずしも「自分のなりたい人間になること」ではないからです。

もう一度、マズローが『人間性の心理学』で定義した自己実現の意味を確認しておきましょう。

自己実現とは「才能や能力、潜在能力などを十分に用い、また開拓していること」であり、自己実現的人間とは「彼らは自分たちに可能な最も完全な成長を遂げてしまっている人々、または遂げつつある人々」でした。

そもそも人間の才能や能力、潜在能力は千差万別であり、まったく同じ才能や能力をもつ人間は存在しません。また、人は決まって得手不得手があるものです。この一点からも人が「自分のなりたい人間になる」のが事実上不可能な場合もあることがわかります。いくら私がタイガー・ウッズになりたくても、タイガーにはなれません。「自分のなりたい人間になること」が不可能だとしたら、自己実現それ自体も不可能になります。不可能なことを自己実現の定義にすえるわけはないので、「自分のなりたい人間になること」は必ずしも自己実現ではないことがわかります（「必ずしも」と断った理由はあとで述べます）。

マズローが指摘するように自己実現とは「才能や能力、潜在能力などを十分に用い、また開拓していること」です。そもそもその人が不得手な領域で才能を開花することはできません。才能を存分に発揮できるのは、その人が得意とする領域です。したがって、自分自身の得手を見極めて、その能力を最大限に開拓して活用すること、これこそが自己実現の最大のポイントになります。

いわば、偉人や天才と比較するのではなく、最善の自己になること、自分がなり得る人間の最高形態を目指すこと、これが自己実現です。

ちなみに、「自分がなり得る最高形態の人間」と、「自分のなりたい人間」が一致することも当然あり得ます。この場合、「自分のなりたい人間になること」が自己実現になるでしょう。「自分のなりたい人間になること」が必ずしも自己実現ではない（つまり自己実現の場合もある）と断ったのは、このような理由からです。

以上はマズローの言う自己実現の勘所になります。まずこの点を押さえたうえで、自己実現に関するマズローの考察を引き続き検討したいと思います。

## ●欠乏欲求とは何か

前章の最後で「欠乏欲求」と「成長欲求」という対照的な考え方についてふれました。マズローは『完全なる人間』で、両概念についてさらに掘り下げています。ここでは「欠乏欲求」と「成長欲求」を比較することで、自己実現の考え方をより明瞭にしたいと思います。

まず、生理的欲求、安全の欲求、所属と愛の欲求、承認の欲求の動機に着眼しましょう。実はこれら四つの欲求には共通する動機、言い換えると欲求が生み出される共通の動因が存在します。

たとえば人間のエネルギーが消耗されるとにわかに食欲がわいてきます。安全が失われている状態では自分の身をなんとかして守らなければなりません。自分が所属する組織や家庭、愛する人が不在ならば、人はその存在をぜひとも願います。人から無視されたり軽蔑されたりした人は、自己の尊厳の回復を望むでしょう。

このように、いずれのケースでも、何かが失われた状態、マズロー風に言うならば何かが欠乏している状態のときに、生理的欲求や安全の欲求、所属と愛の欲求、承認の欲求が発動します。それぞれの欲求に対する満足が欠乏することで、それぞれに対する強い欲求が引き起こされます。つまりこれらの背景には共通して「欠乏欲求」あるいは「欠乏動機」が存在することがわかります。

欠乏欲求は人間がもつ何らかの欠乏を解消するための原動力になります。足りないと不満足になるから欲求が発生し人間は不満足解消のために行動します。しかしこの欲求が満たされず改善されないままだと病気が生じます。マズローは、大部分の神経症は、所属や同一化、親密な愛情関係、尊敬と名誉に対する満たされない願望から生ずると述べています。

したがって、欠乏に根ざすこれらの欲求、一言でいうと「欠乏欲求とその満足」には、次のような特徴があります。

①その欠如が病気を生む。
②その存在が病気を防ぐ。
③その回復が病気を治す。
④ある（非常にこみ入った）自由な選択場面では、それを阻まれている人は、他の満足にさきがけてこれが選ばれる。
⑤健康な人では（筆者注：欠乏欲求は）、低調で、衰えているか、それともはたらかない。

このように、欠乏が取り除かれると病気は消失するわけですから、健康な人は欠乏欲求から解放されていることになります。そして、前章で見たように、生理的欲求、安全の欲求、所属と愛の欲求、承認の欲求がある程度満たされると、自己実現の欲求が頭をもたげてきます。つまり、欠乏欲求から解放されている健康な人は自己実現の欲求が顕著になるわけです。

では、自己実現の欲求は、その背後にある動機という面から見るとどのように分析できるでしょうか。引き続きその点についてふれましょう。

## ●自己実現と成長欲求

先に見たように、自己実現とは「才能や能力、潜在能力などを十分に用い、また開拓していること」でした。才能や能力を十分に活用するには、まずそれらを開拓あるいは開発する必要があるでしょう。才能や能力を開発すると人間は成長します。その才能や能力を用いて何ごとかをなすことで、人間は満足感を得ます。この満足感が動機づけとなって、人間はさらに才能や能力の開発を試みて、より高いレベルで何ごとかを達成しようとします。そしてその達成が人間のより高い成長を促し、自己実現へと向かって進展していきます。

　このように、生理的欲求から承認の欲求までは、不足しているものを補うという欠乏欲求がその背景にあったのに対して、自己実現の欲求の動因は欠乏にあるのではなく、成長に対する強い動機づけにあります。マズローはこれを「成長欲求」あるいは「成長動機」と呼びました。

　足りないものを補う欠乏欲求満足型の生き方と、自分自身の成長を目指し自己実現に向かう成長欲求満足型の生き方とでは、その質に大きな違いがあります。マズローは『完全なる人間』でこの生き方の違いを12項目も指摘しています。ここでは全部紹介することができないので、自己実現および自己実現的人間の特徴をより浮き彫りにする、マズローの指摘をいくつか示します。

　まず、欠乏欲求と成長欲求がそれぞれ満たされた状況を考えてみます。たとえば、生理的欲求の一つである食欲が満たされたら、さらに食べ物を欲しくなることはありません。そうすると生理的欲求は影を潜め、一段高い欲求の満足に対する欠乏が顕在化します。それは安全の欲求や所属と愛の欲求、承認の欲求だったりするわけです。この点はすでに欲求階層論の個所でふれました。

　では、成長欲求についてはどうでしょうか。成長欲求が優位を占める人は、欲求が満たされても、その欲求が影を潜めることはありません。成長欲求は、満たされることでかえって刺激されるという特徴があります。能力が開発されてそれで何かをなすことができれば、その達成感が人にさらなる能力の開発へと向かわせます。この繰り返しが延々と続きます。つまり、成長欲求は満足によって弱められるどころか逆に強化されます。成長すること自体が強い動機づけになるわけです。マズローが言うように「成長はそれ自体、得るところの大きい刺激的過程」（『完全なる人間』Ｐ38）なのです。

次に、欠乏欲求中心に生きている人と、成長欲求中心に生きている人（すなわち自己実現的人間）との、環境依存度に注目してみます。

安全や所属、愛情関係、尊敬を求める欲求を満足させるためには、他人の関与が欠かせません。他人を意のままにコントロールすることはできませんから、欠乏欲求中心に生きている人は環境依存度が相対的に高くなります。環境依存度が高ければ高いほど、自分の人生を思いのまま生きることが難しくなるでしょう。

これに対して成長欲求中心に生きている人は、欠乏欲求中心に生きている人よりも環境依存度が低いという特徴があります。才能や能力の開発は自分ごとであり、他人に依存するものではありません。開発するかしないかはすべて自分自身にかかわります。また開発した能力で何ごとかをなせない場合も、やはり責任は自分自身にあります。何ごとかをなせるまで能力を高めるのは自分自身の問題であり、他人の力を頼むべき問題ではありません。

前章で見た自己実現的人間の特徴の一つに「⑥自律性」がありました。自己実現的人間が、環境依存度が低く自律性が高いのは、成長欲求中心に生きているからです。

こうして環境への依存度が低くなると、自分の人生を志向するまま生きることがより容易になります。ただし間違ってはいけないのは、志向した願望がすべてうまくいくかどうかはこれまた別問題です。自己実現的人間の願望がすべてかなうわけではありません。その願望の成就に向けて、強烈な努力を重ねる人が、成長欲求を背景にもつ自己実現的人間の姿です。

## ●成長を目指すのか安全にしがみつくのか

次に欠乏欲求と成長欲求の優先度について考えてみます。欠乏欲求は生理的欲求、安全の欲求、所属と愛の欲求、承認の欲求という、自己実現の欲求から見ると低次の欲求の背景にあるものです。そして、自己実現の欲求の背景にあるのが成長欲求でした。

一方で、こうした基本的欲求は階層をなしており、低次の欲求が解消されると一段高次の欲求が出現すると考えるのが、マズローの欲求階層論の基本的な考え方でした。ということは、自己実現の欲求の背景にある成長欲求よりも、自己実現の欲求よりも低次な欲求の背景にある欠乏欲求のほうが、優先度が高いことになります。

成長欲求を背景にした自己実現の衝動は本能的ですが非常に弱いものです。他の強い本能、誤った文化的態度、心理的な損傷、間違った教育などによって、成長欲求は容易にかき消されてしまう、とマズローは言います。

こうして人間には自己のうちに2組の力が働くことになります。一つは安全や安定、防衛あるいは現状維持にしがみつき、ときには退行する方向に働く、欠乏欲求に支配された力です。そこには「おそれ」の感情が隠れています。「過去に頼り、母親の腹や乳房との原初的な結びつきから脱け出すことをおそれ、偶然の機会をとらえることをおそれ、すでに所有するものを危険にさらすことをおそれ、独立、自由、分離をおそれる」(『完全なる人間』P59)。こうして人は安全にしがみつきます。

これに対してもう一つの力は、自己の全体性や独自性、潜在的な能力を完全に働かせ、最大限に健康になろうとする方向に働く、成長欲求に支配された力です。先の安全や安定にしがみつく力を「低次の涅槃」に向かう力だとすると、こちらは「高次の涅槃」へ向かう力です。こうして一人の人間のなかで、健康へ向かう力と、しりごみして病気や虚弱へ退行する力とが綱引きを繰り広げます。

もちろん、より健康的なのは高次の涅槃に向かうことです。そのためにはまず低次の欲求の満足が欠かせません。低次の欲求が解消されてはじめて一段高次の欲求が出現すると考える欲求階層論では、これは当然のことです。そのうえでマズローは、成長に向かう力がより高まるよう、意識的に次のような態度で挑むべきだと述べています。

①成長を魅力あふれる喜ばしいものととらえる。
②成長のおそれを最小限にする。
③安全・停滞・防衛への誘引力を最小限にする。
④安全、安定、防衛、病気、退行のおそれを最大限にする。

『完全なる人間』Ｐ60（一部表現を変更）

安全や安定にしがみつくことは現状維持を目指すことだと言い換えられます。しかし、現状維持とはなかなか難しいものです。そもそも人間的成長なしに現状維持は困難です。というのも、現状を維持しようと思っていても、現状をとりまく環境は常に変化するからです。変化する環境に適応するには自らを変えていかなければなりません。自らを変えるということは、すなわち成長することです。変わらずにそのままでいれば環境の変化に取り残されます。これでは安全や安定を目指していたのに、やぶ蛇という事態にもなりかねません。

このように安全や安定にしがみつくことには実は大きなリスクがあります。マズローの右記の④で示している「安全、安定、防衛、病気、退行のおそれを最大限にする」とは、このことを言っているわけです。

もっとも、安全が脅かされている状況では、人は成長欲求よりも安全の欲求を優先するでしょう。したがって、私たちがより高みへ成長し、自己実現を目指そうと思うと、十分に安全を確保しておくことが不可欠になります。

安全をとるか成長をとるか。何とも悩ましいジレンマです。もちろん安全が損なわれていたら、安全の欲求に従うべきです。しかし、ある程度安全性を確保できたならば、やはり安全や安定にしがみつくリスクを思い出し、成長へと踏み出すのが、健康な人間に至る道です。

## ●人は何を目指して成長するのか

続いて私たちがもつ人生の目的や目標と自己実現の関係について考えてみましょう。そうすれば自己実現の意味がさらに明瞭になるはずです。

ここではまず、自己実現についてマズローが『完全なる人間』のなかで、前作『人間性の心理学』とは異なる表現で定義しているその内容について見ておきます。

**（自己実現とは）可能性、能力、才能の絶えざる実現として、使命（あるいは天職、運命、天命、職責）の達成として、個人みずからの本性の完全な知識や受容として、人格内の一致、統合、共同動作へと向かう絶え間ない傾向。**

**『完全なる人間』P31**

自己実現に関する、少々くどくどしく、またわかりにくい表現なのですが、才能や能力の開発や活用以外に、「使命の達成」「個人の受容」「人格内の一致」「統合」「共同作業」などの新たなキーワードが加わっている点に注目してください。

前作『人間性の心理学』でマズローは、「才能や能力、潜在能力などを十分に用い、また開拓していること」が自己実現だとシンプルに定義していました。一方で才能や能力は、何らかの目的のために用いられるものです。また、目的によって手段や適用する対象も異なるでしょう。

マズローによると、自己実現的人間がもつ目的の特徴として、自我超越的あるいは自己忘却的で、引いては利他的側面が強く、自分自身よりもむしろ世界全体の価値に重きを置く傾向があると述べています。マズローは、自己実現的人間が重きを置くこのような価値を「生命の価値」、あるいは略して「Ｂ（Being）価値」と表現しました。Ｂ価値と対になるのが「Ｄ（Deficiency）価値」で、これは欠乏に根ざすものです。

マズローは『完全なる人間』のなかで、自己実現的人間が生涯をかけて追求する14種類のＢ価値を挙げています。次のとおりです。

①全体性（統一、統合性、単一性への傾向、相互連関性、単純性、体制、構造、二分法超越、整然）
②完全性（必然性、的確性、適切性、不可避性、適合性、正義、完備、正当性）
③完成（終末、終局、応報、終了、成就、完結、天運、運命）
④正義（公正、秩序整然、合法性、正当性）
⑤躍動（過程、不死、自発性、自己調節、完全機能）
⑥富裕（分化、複雑性、錯雑）
⑦単純（正直、赤裸々、真髄、抽象、本質、骨格構造）
⑧美（正確、形態、躍動、単調、富裕、全体性、完全性、完成、独自性、正直）
⑨善（正確、望ましさ、正当性、正義、徳行、正直）

⑩独自性（特異性、個性、不可代理性、新奇）
⑪無礙（安楽、緊張、努力、困難の欠如、優雅、完全、美的機能）
⑫遊興（たわむれ、歓喜、楽しみ、快活、ユーモア、華麗、自在無礙）
⑬真実、正直、現実（赤裸々、単純、富裕、正当性、美、純粋、清純で生一本、完備、真髄）
⑭自己充足（自立性、独立、みずからであるためみずから以外を必要としないこと、自己決定、環境超越、分離、自己律法による生活）

『完全なる人間』P105〜106

マズローが掲げるB価値を子細に見ると、内容が重複している点が気になると思います。しかし、マズローによるとそれは当然のことで、これらはすべて生命の一側面を表現したものだからです。そのため、分離したり区別したりすることはできず、「互いに排除し合わない」という特徴をもっています。

たとえば、「善」は「美」であり「無礙（邪魔するものがない様子）」であり、また「完成」や「完全性」「全体性」の性質をもちます。この例からも、それぞれのB価値が別のB価値で表現できることがわかります。

## ●手段としての仕事

自己実現的人間が、特定のＢ価値に重きを置くと、その価値を追求する手段が必要になります。その手段として一般的に用いられるのが仕事です。たとえば、公正や不公正の排除に並々ならぬ価値を置く人は、弁護士や裁判官といった職業に就くことで、公正や不公正の排除を追求できる可能性が高まります。

先に見たマズローの自己実現に対する新たな定義のなかに、「使命（あるいは天職、運命、天命、職責）の達成として」という一文がありました。公正や不公正の排除とはすなわち正義の実現です。つまり、公正に重きを置くその人にとって、正義の実現は、「当為（ゾルレン）」すなわちまさになすべきこと、かくあるべきことであり、目標とすべき理想の状態を指します。これはその人にとっての「使命」と言い換えられます。

そして、その使命を実現するために仕事、すなわち「天職」や「職責」が存在するわけです。つまり、自己実現的人間にとっての仕事とは、Ｂ価値を実現するための、言い換えると使命を達成するための手段であり、目的ではありません。目的はあくまでもＢ価値の実現、使命の達成であるわけです。

仕事を通じてＢ価値を追求していくと、いつかは何らかの達成感が得られるに違いありません。しかしながら先に見たように、成長欲求では達成による満足感を得たからといって欲求自体が消滅するわけではありません。成長欲求は満足によって弱められるどころか逆に強化されます。成長することと自体が強い動機づけとなって成長欲求をより強めます。

しかも、B価値には尽きることがないという大きな特徴があります。それは汲んでも汲んでも尽きません。「美は永遠」とよく言いますが、これはB価値がもつ「汲めども尽きぬ」性格を的確に表現しています。したがって、どれだけ成長欲求が強化されたとしても、B価値は尽きることなく存在し、新たな挑戦の対象になります。この挑戦が繰り返されることで、人は自己実現に向けて前進し成長していきます。

この点についてマズローがより強調しているのは、『完全なる人間』よりものちにふれる著作『人間性の最高価値』でのことです。マズローはこの著作のなかで、自己実現的人間についてさらに別の定義をしています。定義は四つの文章から成ります。

①病気から十分解放されていること
②基本的欲求を十分満たしていること
③自己の能力を積極的に用いていること
④ある価値により動機づけられ、それを得ようと努力し、模索し、忠実につかえようとしていること

『人間性の最高価値』P353

マズローが言う「ある価値」とはもちろんB価値にほかなりません。そして人は、自分の愛すべき仕事を通じて、「それを得ようと努力し、模索し、忠実につかえよう」とするわけです。さらに

マズローは、その仕事とＢ価値を次のように比較しています。

> 彼らが献身している仕事は、（仕事そのもの以外の外面的目標に達するための手段や、機能的自立性としてではなく）本質的価値の化身ないし権化として理解することができるように思われる。仕事は、これらの価値を具体的なものにするがために愛される（あるいは、とり入れられる）。つまり、最終的に愛されるのは仕事そのものよりもむしろ、それらの価値なのである。
>
> 『人間性の最高価値』Ｐ３６１

仕事を通じて重視する価値を徹底的に追求するには、その人の能力が未熟な場合もあるでしょう。しかしあるがままの自分を受け入れて（個人の受容）、能力の開発に徹底的に努める。そうすれば「人格内の一致」を促し、一人の人間としての「統合」を果たせます。そして、他の仲間と「共同作業」をすることで、より大きな達成感を得られるはずです。

### ●創造性と自己実現の深い関係

以上、欠乏欲求と成長欲求、成長と安全のジレンマ、Ｂ価値と仕事という三つの面から、自己実現および自己実現的人間の特徴を掘り下げました。さらに、自己表現と創造性の関係をはっきりとさせれば、自己実現の概念がより豊かになると思います。

マズローはもともと、創造性が、理論家や芸術家、科学者、発明家、作家などといった、ある特定の職業に従事する人に独占されているものであり、創造は天才型の特殊な才能によって生み出される、と考えていました。ところが、自己実現的人間を研究するなかで、この考えが間違っていることにマズローは気づきます。

マズローが研究の対象にしていた人に作家や科学者はいました。しかし天才型ではないごく平凡な人も多数いました。そのようななかの一人に、十分な教育を受けていない、主婦であり母でもある一婦人がいました。彼女は終日家事に追い回されていて、いわゆる慣例的な意味での創造性とは縁もゆかりもありませんでした。

しかしながら、彼女は貧しい生活にもかかわらず、彼女の家はいつも小綺麗に整えてあり、いつも素晴らしいご馳走を用意してくれ、敷布や銀食器、ガラス器具、瀬戸物などに関する趣味は非の打ち所がありません。独創的で斬新で、発明的でもありました。彼女は素晴らしい料理人であり、母親であり、妻であり、主婦でした。マズローはこのような女性を前にして、彼女を創造的と呼ばざるを得なかった、と述懐しています（この主婦とはマズローの妻バーサかもしれません）。

こうしてマズローは、創造性には2種類あることに気づきます。一つは従来私たちがこれこそ創造性と考えてきた「特別な才能の創造性」、そしてもう一つは直接人格から出て広く日常生活の事柄に示される「自己実現の創造性」です。

自己実現的人間が重視するＢ価値を追求しようと思うとどうしても創造性が必要になります。つまり自己実現には創造性が不可欠であり、創造的であるということは自己実現的人間の特徴でもあるわけです。こうして、創造性の概念と自己実現的人間の概念は、やがて合体し、おそらくついに同じことになってしまう、とマズローは考えました。

このように自己実現的と創造的がコインの表裏だとすると、創造性を高めることで、自己実現を促せることになるでしょう。そのためにも、創造性には、一次的創造と二次的創造の２種類があることを知っておくべきです。

一次的創造とは、創造の一次過程であり、空想、直観、創造、ひらめき、夢などから得られるものです。デュオニソス的で女性的な特徴をもつ創造の過程です。

この一次的創造に二次的創造が続きます。二次的創造では直感やひらめきで得た着想に対して、論理的かつ合理的な検証を行います。比較や評価、計算を行ったうえで、選択や拒否を判断します。したがって二次的創造はアポロン的で男性的な特徴をもつ創造の過程だと言えます。

これら第一次創造と第二次創造を繰り返して実行することで、「統合された創造性」を達成できます。自己実現の創造性とは、この統合された創造性に根ざすものです。

しかしながら、フロイト心理学では無意識的な衝動は破壊的で有害なものとみなしてきました。一般的な社会でもフロイトが提唱した規範が採用されてきたようです。これは空想、直観、創造、ひらめき、夢など、一次的創造に欠かせない無意識的活動を抑圧する方向に働きます。

したがって、真に創造的であろうとするならば、無意識の抑圧から解放されることが重要になります。これにより創造性が高まれば、それは自己実現の道が大きく開けることを意味します。

以上、本章では『完全なる人間』から、マズローが提示した自己実現および自己実現的人間について、さまざま角度から考察してきました。

マズローは、自己実現は原理的に容易であるとしても、実際にはほとんど起こるものではない、と述べています。それは大人人口の1％にも満たないと概算しています。

しかし自己実現の可能性が低いとしても、私たちには理想とする自己実現的人間を想定し、そうした人間に近づくことはできます。仮に自己実現を達成できる見込みは少ないとしても、自己実現を目指すことはできます。目指すか目指さないかはその人次第です。これが自己実現的人間とそうでない人を分ける大きな試金石になるのだと思います。

なお、『完全なる人間』では、自己実現および自己実現的人間の特徴として「至高経験」についても多くの紙数を割いています。こちらも人間性心理学の重要キーワードの一つです。ただし、この至高経験については、次章で紹介する著作『創造的人間』の中心テーマになっています。至高経験がいかなるものかについては、改めて次章で解説したいと思います。

それでは、マズローの次の作品『創造的人間』へと進みましょう。

# 第３章　『創造的人間――宗教・価値・至高経験』――「至高経験」とは何か

## ●書籍情報

訳　者　佐藤三郎、佐藤全弘
出版年　１９７２年
出版社　誠信書房

## ●目　次

6　科学と宗教的自由主義者と非有神論者
7　価値ぬきの教育でよいのか
8　結び

第Ⅱ部

1　至高経験の宗教的側面
2　第三の心理学
3　至高経験についての民族中心的な語法
4　至高経験においてえられる知識の妥当性は何か
5　『人間的価値における新しい知識』への序文
6　熱狂的・同型的伝達
7　至高経験における知覚の記述としてのB＝価値
8　好条件のもとでは退行価値よりも成長価値の方をとる自然主義的理由
9　B＝分析の一例

第Ⅲ部

1　自己実現としての創造性

## ●『創造的人間』――日本語版の問題点

本章で取り上げる『創造的人間』の原題は『宗教・価値・至高経験（Religions, Values and Peak-experience)』です。アメリカでは１９６４年に出版されました。『創造的人間』は１９７２年に出版された日本語版のタイトルです。日本語版では原典のタイトル「宗教・価値・至高経験」が副題としてつけられています。

『創造的人間』のあとがきによると、本書は教育に関心のある学者や教師が加入しているカッパ・デルタ・パイ協会から出版されました。日本語版の出版当時、同協会には5万人の会員がいたといいます。同協会では定期的に教育者向けの講演会を実施しており、その内容を「カッパ・デルタ・パイ講演双書」として刊行してきました。マズローの『創造的人間』はその第35巻にあたります。

マズローは『創造的人間』のなかで、従来宗教が扱ってきた霊的価値を今後は科学が扱っていかなければならないことを力説しています。その主張の過程でマズローは「至高経験」について詳しくふれています。そのため本作品は、至高経験を大きく取り上げた『完全なる人間』を補完する著作とも言えます。その意味で『創造的人間』は『完全なる人間』の続編（あるいは増補編）に位置づけられます。

次に本作品の構成について見ると、日本語版の『創造的人間』は3部構成になっています。しかし、この構成は原典と異なっています。原典『宗教・価値・至高経験』では『創造的人間』の第Ⅰ

部が本論で、第Ⅱ部が付論という扱いになっています。つまり、講演の原稿を基にしているのは原典の本論に相当する第Ⅰ部だと推定できます。

また、日本語版の第Ⅲ部は、1959年にミシガン州立大学で行われた創造性に関するシリーズ講演の草稿に手を加えたもので、原典『宗教　価値　至高体験』には収録されていません。日本語版のオリジナルです。

しかも、この第Ⅲ部に掲載されている論文「自己実現としての創造性」は、まったく同じものが『完全なる人間』の第10章に収録されています。『創造的人間』の訳者によると、この論文を加えることで「この書に一段の精彩を加えることになった」と自画自賛しています。しかし、『完全なる人間』の日本語版初版は1964年で、『創造的人間』よりもずいぶん前に出版されています。なぜ本作品に「自己実現としての創造性」が掲載されたのかは不明です。『創造的人間』という原題とはかけ離れたタイトルと何らかの関係があるのでしょうか。

それはともかく、『創造的人間』を読もうとした場合、本論はあくまでも第Ⅰ部であり、残りは付録と考えても問題ありません。ただし、第Ⅰ部を読み込もうと思うと、あらかじめマズロー心理学の基本的な知識が不可欠です。

そういう意味で本書は、マズローの著作として最初に読むべきものではありません。もちろんだからといって、『創造的人間』の価値が低いというわけではありません。

それでは、『創造的人間』、そのなかでも第Ⅰ部である本論に斬り込んでいくことにしましょう。

## ●霊的価値を科学の対象にする

マズローが『創造的人間』の第Ⅰ部で着眼しているのは、現在も状況はそれほど変わっていない宗教と科学の二分です。従来、宗教は価値について語り、科学は方法や技術について語ってきました。両者は棲み分けをしていて相手の領域を侵犯しないのが鉄の規則でした。そのため宗教と科学は分断され、いわば二項対立としてとらえられる傾向にありました。

しかしながらマズローは、従来宗教が扱ってきた霊的価値（たとえば「神聖性」「神的」「祈り」「罪」「聖なるもの」「尊厳」など）は、決して超自然的なものではなく、教会や宗教組織が独占すべきものではないと主張します。というのも、超自然的ではないのなら、自然科学が対象とする範囲に含まれるからです。

またマズローは科学にも反省を促します。従来の科学は事実と価値を厳格に二分して、合理的・実証的領域から、価値を排除してきました。一切の価値に関する判断は、科学者でない人々、合理主義者でない人に任せて、科学はタッチしようとしませんでした。

このような態度はマズローが属する心理学でも見られ、行動主義者や新行動主義者、超実験主義者は、研究から価値や価値生活を切り離してきました。これに対してマズローは、自然科学の範囲を適切に拡大することで、霊的価値を科学的研究の対象にできると説きます。

この主張が正しいことを明らかにするのが著作『創造的人間』の立ち位置です。そして、霊的価値が科学でも取り扱える対象であることが明らかになった場合、教育における霊的価値や道徳価値の位置づけも変わらざるを得ない、とマズローは言います。

実は同様の議論をマズローはすでに『人間性の心理学』の冒頭にあたる1章と2章（特に後者）で行っています。もっとも取り上げているのは、宗教と科学の対立ではなく、問題中心的な科学と手段中心的な科学との二項対立についてです。そのなかでマズローは、弁証法的手法（正と反、双方を満足させる解を見つける態度）で二項対立を超越しようとしました。

同様の弁証法的アプローチをマズローは『創造的人間』でも目指しています。その際に、宗教と科学という二項対立の超越に、マズローは前章の最後に取り上げた至高経験の研究を用いています。

マズローが至高経験という語を初めて用いたのは、1956年にあったアメリカ心理学会の講演でのことでした。その後マズローは、この講演原稿を改訂し、1959年に論文「至高経験における生命の認識」として学会誌に発表しました。前章でふれた著作『完全なる人間』の第6章に掲載されているのがこの論文です。このなかでマズローは至高経験を次のように定義しています。

この章では、B愛情の経験、親としての経験、神秘的、大洋的、自然的経験、美的認知、創造的瞬間、治療的あるいは知的洞察、オーガズム経験、特定の身体運動の成就などにおけるこれら基本的な認識事態を、単一の記述でもって概括しようとこころみるものである。これらの、あるいはこれ以外の最高の幸福と充実の瞬間について、わたくしは「至高経験」と呼ぼうと思う。
『完全なる人間』P92

このようにマズローは、最高の幸福と充実の瞬間を至高経験と定義しています。宗教人が体験する神秘的経験もこの至高経験に含まれるとマズローは言います。

## ●マズローの至高経験の研究

マズローは、個人面接（80名）、大学生へのアンケート（190名）、自発的報告（マズローの著作を読んだことのある50名）、これらに加えて関連する論文を精査し、至高経験について分析しました。大学生を対象にしたアンケートには、次のような指示が明記されていました。

あなたは生涯のうちで、最も素晴らしい経験について考えてほしいのです。おそらく、恋愛にひたっている間や、音楽を聴いていて、あるいは書物や絵画によって突然『感動』を受けたり、偉大な創造の場合に経験する最も幸福であった瞬間、恍惚感の瞬間、有頂天の瞬間について考えてほしいのです。はじめこれらを挙げて下さい。それから、このような激しい瞬間に、あなたはどう感ずるか、ほかのときにあなたが感ずるのとは違っているか、あなたはそのとき、なにか違った人になるかどうかを話して下さい。

『完全なる人間』P89

分析の結果マズローは、至高経験の際に人は生命全体を認識しているのではないか、という仮説に至ります。生命全体の認識とは、先にふれたB価値を実体験することです。たとえば至高経験の際に、人は美の本質や究極の完全性などを認識するということです。そのためマズローは至高経験時の認識をB認識と呼びました。

またマズローは、至高経験時における認識の在り方をより明瞭にするために、その特筆すべき特徴を19項目に取りまとめています。以下、『完全なる人間』より要約して紹介します。

①経験や対象は、完全な一体として見られやすい。
②認識の対象にすっかり傾倒される。
③人間から切り離されたものを認知できる。
④B認識が繰り返されると、理解をより一層豊かなものにする。
⑤自我超越的、自己忘却的で、無我であり得る。
⑥自己合法性の瞬間として感じられ、それ自体に価値を見出せる。
⑦時空を超越する。
⑧善であり、望ましく、まさにあるべき姿である。

⑨絶対性が強く、それほど相対的ではない。
⑩能動的というよりもはるかに受動的、受容的である。
⑪経験を前に、驚異、畏敬、謙遜、敬服という特殊な趣をもつ。
⑫世界全体が一つの統一体に見えたり、一小部分が世界全体に見えたりする。
⑬具体性と抽象性を同時に見出せる。
⑭二分法、両極性、葛藤を超越する。
⑮世間や人間を愛すべきものとして受け容れる点で神性をもつ。
⑯個別的で非分類的で現実を直視する。
⑰おそれや不安、防衛、抑制などの中断がある。
⑱内面と外面に類似や同形を知覚する。
⑲あらゆる水準において人の真の統合に達する。

『完全なる人間』Ｐ93～１２３

マズローは、こうした至高経験時の認識の特徴が、自己実現的人間に見られる認識の特徴と非常によく合致すると指摘しています。そのうえでマズローは、至高経験に至る人が一時的に自己実現的人間になり、最も健康な瞬間を過ごしている、とみなしました。

## ●マズローから教育者へのメッセージ

ここで再び著作『創造的人間』に戻ることにしましょう。マズローは本作品のなかで、宗教の普遍的な中核として、「ある鋭敏な直観をそなえた予言者または先見者が、ひそかに、独り、親しく得た啓発、啓示、恍惚であった。高等宗教はみずからを啓示宗教と称し、いずれも、その妥当性、機能、存在権を、孤独な予言者がはじめに得た神秘的経験ないし啓示が、人類大衆一般へつたえられたということと、それが法典化されたということに依存している」（『創造的人間』Ｐ25）と述べています。

これが正しいとすると、宗教の教義や内容がなんであれ、神秘的経験すなわち至高経験の本質を一般の人々に伝えることが宗教の課題になります。そのため組織宗教は、「至高経験を、それを経験しない人びとに伝え、それを教え、それを適用しようとする努力だと考えてよい」（『創造的人間』Ｐ31）と、マズローは結論づけています。

一方で、従来は究極の霊的価値としてとらえられていた「神秘的経験＝至高経験」は、超自然的な出来事ではなく、自然現象の一種であり、科学者は調査研究することが可能です。実際、先に見たマズローの至高経験の研究は、霊的価値を科学の対象にした結果得られたものです。

マズローは至高経験について、「私たちの知識は目下増大しつつあり、今後とも増大するものと確信してよいから、私たちはいまや、高等宗教の基礎となった偉大な啓示、回心、啓発について、いっその理解をとげるものと期待してよい」（『創造的人間』Ｐ34）と述べていますが、その背景には自分が実施してきた至高経験の研究に対する自負があるのでしょう。

こうしてマズローが実践した至高体験の研究から、すでに霊的価値は科学の研究範囲に入っていることがわかります。マズロー自身が科学の範囲を拡大する実践者だったわけです。では、この事実は教育にどのような影響を及ぼすのでしょうか（『創造的人間』の第Ⅰ部が、教育者向けの講演を下敷きにしていたことを思い出してください）。マズローは『創造的人間』のなかで次のように述べています。

教育の長期の目標は――精神療法、家庭生活、仕事、社会、さては人生そのものの目標とおなじく――人間の成長を助けて、もっとも豊かな人間性にいたらせ、その最高の潜在能力を最大限に実現成就し、その人に可能な最高の発達をとげさせることにある。一言でいえば、教育はその人がそのなりうる最善のものとなり、その人が潜在的に深く蔵している本質を、現実にあらわすのを助けるべきである。健全な成長とよばれるものは、この究極目標へ向かっての成長のことである。

『創造的人間』Ｐ65

マズローの主張を一言で要約しましょう。教育の長期の目標は、「人の自己実現を助けることである」――。マズローが主張するのはまさにこの一点にほかなりません。

マズローの主張が妥当だとすると、教育は自己実現とも関わりの深い至高経験や、至高経験がもつ霊的価値についても語らざるを得なくなるでしょう。こうして教育は、伝統や習慣、因習的宗教組織の信念や偏見にもとづくのではなく、自然的・科学的知識を背景にしながら、究極的な価値について説く方向に変革を遂げるだろう、とマズローは予見しています。これが『創造的人間』におけるマズローから教育者へのメッセージでした。

## ●人の成長を促すために

教育の長期的目標が、人の自己実現を助けることだとすると、人の成長を促すための諸原理について理解を深めることが、教育や治療、さらには夫婦や家庭での課題になります。退行を避けて、人の成長を促す重要性と方法についてはすでに前章でふれました。ただし、『創造的人間』の第Ⅱ部には異なる観点から人間の成長促進について記述しているので、いくつか紹介しておきます。

前章で見たように人間の内面では、成長に向かう力と退行に向かう力という2組の力が綱引きをしています。人間はいずれの力にも誘引される可能性があります。しかしながら、安全が脅かされていない場合、人間は退行価値よりも成長価値を選択するというのがマズローの考えです。

好条件のもとで成長と退行の選択肢がテーブルにある場合、成長を選んだほうが生物学的観点からより良い結果を得られます。仮に選択する前に、両者の結果を比較することができれば、人は確実に成長を選ぶでしょう。誰しもより多くの楽しみ、より多くの愉快、より多くの幸福に心が引かれるものです。そういう意味で、成長と退行の結果に焦点を合わせることは、成長への選択を促すことになると考えられます。

また、成長とは、人間がもつ諸特徴をより多く達成するよりよい方法だと言えます。これに対して退行と防衛は、安全水準で生きることですから、成長がもつメリットを放棄してしまうことになります。成長は潜在能力を十分発揮することです。せっかく所有している能力を退行と防衛により発揮しないでいるのは、あまりにももったいない話です。この点を強調することも成長の促進に強い影響を及ぼすでしょう。

さらに、成長のメリットを示すのに、模範となるモデルを示すことも有用です。理想のモデルとは当為（まさになすべきこと、かくあるべきことであり、目標となるべき理想の状態）であり可能的存在です。一方で現在の自分という現実的存在を深く認識すれば、当為あるいは可能的存在とのギャップが明らかになります。このギャップを埋めることは、すなわちその人の成長でした。成長するのに何をすべきかが明らかならば、成長へのより強い動機づけになるでしょう。

ただし、自己実現では「自分自身になる」という点がきわめて重要でした。すでにふれたように、どれだけタイガー・ウッズになりたくても、私はタイガーにはなれません。いうならば、モデルとする自己実現的人間がもつ「特別な才能の創造性」に着目するのではなく、「自己実現の創造性」に着目しなければなりません。

マズローは第7章でふれる著作『マズローの人間論』で、人間成長のモデルは「彫刻的」ではなく「園芸的」だと述べ、心理療法やカウンセリング、教育、家庭生活でも園芸モデルに従うべきだと主張しています。園芸的とは「薔薇を百合に変えようとするのではなく、薔薇は薔薇のままでよい薔薇になるように努める」（『マスローの人間論』P44）べきだという態度です。

マズローはこのような態度を「道教的療法」あるいは「覆いをとる療法」と呼んでいます。あるがままを良しとする道教的態度は、人に特定の価値を注入するものではありません。あたかも覆いを取り払うかのようにすることで、その人の個性や同一性、その人独自の価値を白日の下にさらけ出します。この点を理解することも人の成長に欠かせません。

## ●至高経験と自己実現との関係性

本章の最後に、至高経験と自己実現の関係についてふれておきたいと思います。

マズローの至高経験の研究が、自己実現の研究と結びついたのはごく自然の流れと言えるかもしれません。というのも、先にも若干ふれたように、至高経験時の認識が、自己実現的人間が重視する価値観であるB価値に深く関わることを、マズローは見て取ったからです。そのためマズローは至高経験時の認識をB認識と名づけたわけで、以上の事実からマズローが、至高経験と自己実現的人間の関わりに興味をもっていたことがわかります。

もっとも、至高経験と自己実現的人間の関係に関する研究結果については『創造的人間』には記されておらず、第６章でふれる著作『人間性の最高価値』に収録してある論文「Z理論」で述べられています（この重要論文については第６章でもじっくり検討することになります）。この論文でマズローは、自己実現的人間にはさらに２種類の階層あるいは等級があるという結論に至ります。

自己実現的人間の一方は、とても健康ではあるものの、至高経験をほとんどあるいはまったくもたない人です。これに対して、宇宙などといった普遍的なものと一体化する自己実現的人間、言い換えると至高経験が重要で中心になっている自己実現的人間も存在します。

以上からマズローは、自己実現的人間を、現実の世界で生きる「超越的でない自己実現者」と、現実世界をどこか超越しＢ認識やＢ領域で生きる「超越的な自己実現者」に分類し等級分けしました。もちろん超越的でない自己実現者が低次で、超越的な自己実現者が高次です。

この等級分けは、従来の欲求階層論に、たいへん大きな影響を及ぼすと言わざるを得ません。マズローの欲求階層論が、一般に「マズローの欲求５段階説（マズローの５段階欲求）」と呼ばれていることを思い出してください。

しかしマズローは、論文「Z理論」で、５番目の階層である「自己実現の欲求」を二つの等級すなわち階層に分割しているわけです。この結果、欲求の階層は６階層になり、本来ならば「マズローの欲求５段階説」は「欲求６段階説」に訂正されなければなりません。

マズローが自己実現の欲求を２階層に分けたとしても、いずれの欲求も自己実現であることから

5段階でも問題はない、という反論があるかもしれません。しかしながら、「超越的でない自己実現者」の欲求は、あくまでも現実社会に属する欠乏欲求が中心になっており、この欲求の満足を通じて自己実現を目指します。このタイプは実業界でばりばり働く自己実現的人間をイメージすればよいでしょう。これに対して、「超越的な自己実現者」の欲求は、あくまでもB価値の追求に重きが置かれます。B価値の追求を通じた成長欲求が強い動機づけになっています。

したがって、同じ自己実現を目指しながらも、両者は質的に異なる欲求を内に秘めていることがわかります。やはり自己実現の欲求にも2種類あり、等級があるわけです。いうならば、成長欲求を背景にもつ「超越的な自己実現の欲求」と、欠乏欲求を背景にもつ「超越的でない自己実現の欲求」です。したがって、いわゆる「マズローの欲求5段階説」はやはり不正確で、「マズローの欲求6段階説」とすべきです。

しかしながら、今後も「マズローの欲求6段階説」に名称が変わることはないでしょう。というのも、いまやマズローの欲求5段階説が頻繁に問われているのは、経営学やマーケティングの領域においてです。しかし、「超越的な自己実現の欲求」「超越的でない自己実現の欲求」などの表現を用いると、どこか宗教のイメージが強くなり、経営学やマーケティングへの流用が困難になります。また、超越的な自己実現者を説明するには至高経験に踏み込む必要があり、説明がきわめて煩雑になるデメリットもあります。

実際、マズローがこの世を去ってから50年近くが経ちます。しかし、インターネット上には、いまだに「マズローの欲求５段階説」の語があふれています。

誤りが訂正されないのは、右に記した理由からでしょうか。それとも、マズローが欲求には６階層あると主張した事実を知らないからでしょうか。いずれにせよ、少なくとも本書を読まれた方はこの事実を正しく認識しておいてもらいたいと思います。

# 第４章『可能性の心理学』――マズローが目指す実存主義心理学

●書籍情報

訳　者　早坂泰次郎
出版年　１９７１年
出版社　川島書店

●目　次

7　抽象化と理論化
8　包括的科学と単純化する科学
9　ゆたかな意味と抽象的な意味
10　道教的科学と統制的科学
11　科学の模範としての対人的〈われ - なんじ〉知識
12　没価値的科学
13　知識の段階、水準および程度
14　科学の非聖化と再聖化

## ●マズローがとった科学的方法論

１９６６年に出版されたマズローの著作『可能性の心理学』は、教育や文化に関する問題をテーマに年１回開催するするジョン・デューイ講演会において、マズローが講演した内容を下敷きにした作品です（この講演会は現在も続いています）。

本作品でマズローは、従来の科学がもつ欠点を明らかにするとともに、科学が人格や文化を扱う際の態度や方法論について言及しました。原題は『科学の心理学（The Psychology of Science）』で、邦題の『可能性の心理学』よりも本作品の内容をより端的に表しています。

また、科学が人格や文化を扱う際の態度や方法論に言及する本書は、『人間性の心理学』の「第1章　科学への心理学的アプローチ」「第２章　科学における問題中心的傾向対手段中心的傾向」、『完全なる人間』の「第Ⅰ部　心理学領域の拡大」と強く結びつく内容になっています。前章で見た『創造的人間』も、科学の領域を霊的価値にまで拡大することを意図していましたから、こちらとの関係も深いと言えます。

マズロー自身は『可能性の心理学』の序文で、本作品を『人間性の心理学』の続編と考えてもらってよいと述べています。ただし、『人間性の心理学』の堂々たる続編は『完全なる人間』でしょうし、本書の内容は『完全なる人間』を補完する内容になっています。したがって、本書は『完全なる人間』の続編（これは『人間性の心理学』の続編であることをも意味します）または増補編であり、『創造的人間』と兄弟関係にあると位置づけられます。

本作品の構成は全14章から成り、特に部の区別はありません。マズローが「この本のとりとめのないスタイルは、それが講演の形式をとっているからである」（『可能性の心理学』Ｐ11）と述べているように、本作品の内容を体系化するのはかなり困難です。

ただし全体に共通するのは、科学としての心理学のアプローチ、心理学者に求められる科学的アプローチについて言及している点です。

なかでもマズローが強調したアプローチが実存主義的態度と現象学的方法です。マズロー自身も実存主義と現象学を、自身の人間性心理学に適用してきた経緯があります。マズローの著作にふれた人ならば誰しも、マズローが体系化や抽象化による厳密な理論の構築にあまりこだわりがないことがわかるでしょう。実は散漫でまとまりのないマズローのこの執筆スタイルの背景には、実存主義的態度と現象学的方法が大いに関係しています。

そこで本章では、実存主義と現象学を念頭に『可能性の心理学』を読み解きながら、マズローが貫徹しようとした研究アプローチを明らかにしたいと思います。

また、この作業は、マズローが自身の人間性心理学で採用した方法論を明らかにする作業でもあることがわかると思います。

## ●機械論と人間主義の分裂

従来の科学は、自然をあたかも機械の一部かのようにみなし、そこに働く法則を導き出してきました。その態度は機械論的であり、それゆえ非人間的でもありました。

このような従来の科学は非人間的なものを扱うのに好都合でした。惑星や岩石や動物を調べるのに機械論的な態度は時に非常に有効です。

同様の試みは人間にも適用されてきました。たとえば行動主義心理学では、動物実験などから人間の行動の背景にある法則を科学的に見つけ出そうと努めてきました。マズローもこの行動主義心理学者の一人としてキャリアをスタートさせたことはすでに述べたとおりです。

しかしながら、人間主義的立場からすると、人間を調べる際に、人間を非人間化する必要が本当にあるのかという疑問が生じます。仮に非人間化してしまえば、人間が本来もつ目的や動機など、人間らしい諸要素をすべて一旦棚上げしなければなりません。これは正しい態度なのでしょうか。

こうして、機械論的立場と人間主義的立場の二項対立が際立ってきます。しかしこの二項対立は一方を徹底的に打ちのめすことで勝敗を決める性格のものではありません。理想的なのは、機械論的立場と人間主義的立場を超越する第三の立場を弁証法的に見つけ出すことです。

マズローはこの解の探索にあたり、著作『創造的人間』でとったのと同じ方法を採用します。すなわち、自然科学の適用範囲を適切に拡大することです。ここでは、「もし私がある人物について知りたいと望んだとしたならば、もっともよい方法は何なのか」という疑問にマズローがどう答えたのかを通じて、マズローがどのように自然科学の適用範囲を拡大して、機械論的立場と人間主義的立場の二項対立をいかに解消したのかについて見たいと思います。

マズローは右に掲げた疑問について、まず、「標準的自然科学の通常の手続きは、この目的に対してどれほど的確なのだろうか？」と問います。

従来の方法を用いた場合、人間を分析しやすいよう細部に分割して、機械論的に調べることになるでしょう。しかしながら、人間は臓器や肢体の寄せ集めではありません。統合された一つの単位です。そのため、ある人物について知りたいと思うならば、その人を一人の人間としてトータルに扱う必要があります。この態度は人間主義的立場と軌を一にします。

この点に関してマズローは面白いたとえを用いています。たとえば、私たちが唯一所有している道具が金づちだとしましょう。従来たいていの問題はこの金づちで解決できました。ところが、ここに従来とは異なるまったく新たな問題が出現しました。これに対して私たちはどのように対処すればよいのでしょうか。

選択肢は二つあるようです。一つは過去に有効だった既存の手法を用いて問題を扱うことです。今回の問題で言うと、標準的自然科学という「金づち」を持つ私は、一人の人間の全体を知るという新たな問題についても、あたかも釘を打つかのように標準的自然科学の方法を用いるやり方です。いわば方法中心のアプローチです。

もう一つは、問題の性質に合わせて、従来とは異なる方法で解決する道を探ることです。今回の場合だと、仮に金づちでうまく問題を解決できそうになければ、別の方法を考える態度です。人間をトータルに把握するのに標準的自然科学が向いていないとすれば、別のより適切な方法を考えなければならないということです。マズローが採用したのはもちろん後者、いわば問題中心のアプローチです。

では、マズローは、標準的自然科学に代わる、いかなる方法を採用したのでしょうか。実はマズローが採用したのが、本書の冒頭でふれた実存主義的態度であり、現象学的方法だったわけです。これらの態度と手法で、マズローは人間をトータルに研究しようとします。

## ●実存主義的態度と現象学的方法

実存主義とは「実存は本質に先立つ」を信条とする立場です。本質とは物事がもつ法則と言い換えてもよいでしょう。すでにふれたように標準的自然科学はこの法則を明らかにすることで世界をとらえ、この法則に基づいて世界を説明してきました。

これに対して実存主義では、すでに形作られた考え方や抽象的な法則、分類の枠組みよりも、私たちが実際に体験する経験を出発点にします。そして、人が自分の存在を賭けて生きることで、個人的な経験から得られた知識の上に、抽象的な知識を構築することを目指します。

実存主義の態度を採用すると、私たちは標準的自然科学の枠組み、特に機械論的・還元論的態度を一旦棚上げしなければなりません。それは既存の枠組みだからです。代替として用いるのが個人的な経験から得られる知識です。このようにマズローは、一人の人間をトータルに調べるのに、まず個人の経験に深く依存する実存主義的態度で挑むことを主張します。

一方、現象学は、過去に構築された理論を一旦棚上げし、生そのものや人間の経験を重視する点で、実存主義と軌を一にします。ただし、実存主義がどちらかという「態度」に偏っているのに対して、現象学では「方法」がより重視されています。「エポケー」もその一つです。

そもそも、人が何かを経験する際、既存の概念や体系を念頭に見たり考えたりするものです。本当に過去に構築された理論を棚上げにするのなら、これらも一旦取り払って、純粋に経験することが欠かせません。つまり経験したものに対して一旦判断を保留して、ありのままに記す態度が重要になります。このような方法を現象学ではエポケーと呼びます。

とはいえ、個人の経験をありのまま列挙しただけでは、他の人との共通認識が得られません。このままでは、特定の対象についての理解が人の数だけ存在することになります。

そこで互いが既存の判断にとらわれず、謙虚に列挙した経験に関する知識を相互に吟味して、共通認識を形成する作業が欠かせません。現象学ではこの作業を「現象学的還元」と呼んでいます。

マズローは実存主義的態度に加え、この現象学的方法も自身の研究アプローチに活用します。なかでも現象学の方法論はマズローの心理学にとって欠かせぬものだったようです。その証拠として『可能性の心理学』から次の言葉を引きましょう。

実存主義と現象学は、またその大部分が、巨大で、言葉の上だけの、ア・プリオリで、抽象的な哲学の全体系の拒否である。これは人生それ自体に戻る企て、すなわち、もし哲学が生々としたものであり続けようとするならば、その上にすべての抽象性が基づくべきであるような具体的な経験に戻る企てなのである。

『可能性の心理学』Ｐ１０９

すなわち、（１）多くの心理学上の問題は客観的、実験的、行動的、実験室的テクニックから出発するよりもむしろ、現象学から始められるべきである。（2）われわれは、客観的、実験的、行動的、実験室的方法へむかって、いつも現象学的な発端を強調しなければならない。これは、ノーマルで普通のやりかたであると考える。——わずかしか信頼できない発端から、より信頼に足る知識のレベルに至るのである。

『可能性の心理学』P80〜81

現象学を提唱したドイツの哲学者エトムント・フッサールは、「事象そのものへ」という研究格率をもっていました。マズローが「客観的、実験的、行動的、実験室的方法へむかって、いつも現象学的な発端を強調しなければならない」と表明するとき、これは標準的自然科学に対して、まずは人が経験するところの事象に戻らなければならないことを強調しているのにほかなりません。

## ●マズローの著作が難解な理由

当然のことながらマズロー自身も実存主義的態度および現象学的方法の実践者でした。その証拠がマズローの著作に如実に表れています。

マズローの執筆スタイルの特徴に箇条書きの多用があります。しかも、その箇条の数が半端ではありません。ある対象について語るのに、箇条の数は5や7とかではなく、20を超えることもしばしばあります。たとえば、本書の第2章で扱ったB価値について、マズローは14種類の特徴を掲げていました。また、前章で扱った至高経験時におけるB認識の在り方については、19種類の特徴を掲げています。しかも列挙した内容には重複が見られ、とうてい体系的とは言えません。読む側にとっては理解するのに難渋します。これはなかなか辛い作業です。

しかし実存主義的態度および現象学的方法を重視するマズローにとって、箇条書きによる経験の記述こそが、標準的自然科学に取って代わる方法だったと言えます。というのも、現象学では、既存の判断を一旦棚上げして、経験した事実をありのまま記述するからです。箇条書きはこの態度によく適合します。

マズローはこの方法論に愚直に従った結果、マズロー独特の箇条書きスタイルに到達したわけです。マズローは『可能性の心理学』で次のように書いています。

> 優れた経験的理論は、自己矛盾し、こみいって一貫せず、相互に排他的ではなくてカテゴリーの重複した、不明確で、あいまいな定義をともなう、ずさんな抽象的理論であるかもしれない。その第一の任務は、たとえ、ずさんさを生みだすとしても、すべての事実をその管轄に含めることである。
>
> 『可能性の心理学』 P122

こうしてマズローは、世界をあるがままに記述することを旨にしました。その際にマズローは「道教的受容」の重要性を強調しています。これは何の干渉もない環境下で対象を注意深く観察すること、「本当に、完全に、受動的に自己を消滅しきって聴くこと」（『可能性の心理学』Ｐ１４６）を意味します。マズローはこのような態度を「捨身」とも表現しています。表現はともかくマズローが言う道教的受容や捨身は、いずれも現象学で言うところのエポケーの言い換えであることにほかなりません。

この「道教的受容＝エポケー」と逆の立場が「典礼墨守」です。これはすでに分類整理された体系や規則に従順する態度を指します。

たとえば、展覧会の絵を見る際、解説のキャプションを読んでから作品を鑑賞する人が多数います。これは作品そのものを、何の先入見もなく体験し鑑賞するのではなく、他の人によって整理された情報に従って鑑賞することから典礼墨守の典型と言えます。眼前に繰り広げられる現象をありのまま経験するには、典礼墨守は邪魔者以外の何ものでもありません。

道教的受容で経験を実直に記述すると、従来信じられてきた法則や体系と相容れない事態が出てくることもあります。この点についてマズローはこう述べています。

> 科学者の第一の任務は、それゆえ、事実を記述するにある。もし、事実が「よい体系」の要求と矛盾するとしたら、体系の方が捨てられるのである。
>
> 『可能性の心理学』Ｐ１２４

このマズローの言葉には、急いで体系化・抽象化する必要はないし、それはある意味で危険でもある、というメッセージが含まれているように思えてなりません。それよりもまず、徹底的に事実を経験し記述することが優先されます。この態度がマズローの著作の箇条書きに如実に表れているように思えます。

加えて、マズローが箇条書き的に列挙する経験の諸相は、現象学的還元の素材だという点も理解しておくべきです。仮に私たちが、自己実現や至高経験についてマズローと共通認識を得ようとするならば、まず私たち自身がそれらについて経験から得られた素材を持ち寄る必要があります。そのうえで、マズローが列挙した経験の諸相と突き合わせ、相通じる素材は共通認識として了解し、矛盾する素材についてはさらなる議論をすべきです。こうして現象学的還元による共通認識が完成します。

以上の観点から言うならば、マズローの主張に対して「曖昧である」「自己矛盾してこみいっている」などと、評論家のように批判しても不毛です。批判者は、自ら別の素材を用意して、現象学的還元を完成させるべきです。「批判する前に経験せよ」——。安易な批判者に対するマズローの声が聞こえてきそうです。

## ●経験的知識と抽象的知識の階層的統合

いま述べた現象学的還元とも関係しますが、マズローは何も経験的な知識のみを重要視しているわけではありません。抽象化された知識、体系化された知識、法則化された知識の利点についても、マズローは十分に理解していました。

そもそも抽象化された知識が問題になるのは、経験的知識から分断されてしまった場合です。先の展覧会の絵で言うと、絵を見ずに解説のキャプションだけ読んでその絵を理解したと勘違いした場合、抽象的知識と経験的知識は完全に分断されています。

したがって科学には、経験的知識を包括する方向と、経験的知識を単純化、統一化して抽象的知識に還元する方向の２種類があることになります。間違ってはならないのは、包括性から単純性に至るこの順序が逆になってはいけないということです。抽象化の前に経験が先立たなければなりません。この点に関してマズローは次のように述べています。

それは、理解可能であろうとなかろうと、意味があろうとなかろうと、説明できようとできまいと「事物のありかた」を、あるがままの現実の世界を、記述し、受けいれなければならない。事実が理論以前にこなければならない。他方では、それはまた、単純、統一、優雅さへ向かって、また、現実の本質とその構造の骨組を記述するための、凝縮された、簡潔で抽象的な公式へ向かって、またそれが、結局還元されうるものへ向かって、ひた押しするのである。結局、優れた理論は、その両方を行うのであり、少なくとも、両方を試みるのである。『可能性の心理学』Ｐ１２２

マズローは経験的知識から抽象的知識（マズローはこれを「傍観的知識」とも呼びます）へ至る道を「階層的統合」と呼びました。経験的知識が基礎にあってその上に抽象的知識を構築するからです。そして、この階層的統合の具体例の一つが、マズローの示した欲求階層論だったわけです。

こうしてマズローは、経験的知識と抽象的知識という二分法、二項対立を、階層的統合という手法で弁証法的に解決しました。これは著作『創造的人間』で、科学と霊的価値の二項対立を弁証法的に解消したケースと相通じます。

先にマズローがリストアップした14種類のB価値についてふれました。その冒頭にあったのが「全体性」であり、全体性を表す特徴の一つに「二分法超越」とあります。したがって、マズローが『創造的人間』や『可能性の心理学』で取った方法は、B価値に従うものだったとも言えるわけです。

以上、『可能性の心理学』を手掛かりに、マズローの研究態度について見てきました。『可能性の心理学』はマズローの著作のなかでも地味な本です。しかしながら、マズローが愚直にとった科学的アプローチを理解できる本として、マズローが自身の人間性心理学を打ち立てるなかで実践してきた手法や方法論を把握できる本として、その価値はたいへん高いと思います。

標準的自然科学に疑問をもつ科学者、あるいは人文科学の分野でより科学的なアプローチを模索している研究者、このような人が読めば大いに収穫を得られる作品ではないでしょうか。

# 第5章『完全なる経営』――ユーサイキアン・マネジメントを実現する

## ●書籍紹介

訳　者　金井壽宏
出版年　２００１年（新版）
出版社　日本経済新聞出版社

## ●目　次

成長に向かう力と退行に向かう力のバランス
進歩的な経営管理論ならびに組織論の目標と方向性に関する覚え書き
退行に向かわせる力
職場における自尊心に関する覚え書き
心理学的実験としての経営管理
愛国主義の一形態としての進歩的な経営管理
心理的健康と優れた管理者・監督者・職長等との関係（リッカートの著作を読んで）
心理的健康と優れた管理者との関係に関する追記（リッカートの著作を読んで）
進歩的な経営管理に関する覚え書き
進歩的な経営管理の副産物
シナジーに関する覚え書き（ほか）

## ●理論心理学者が経営学に出会う

本章で扱う『完全なる経営』は、やや複雑な経緯をたどって成立した作品です。まずはその経緯について簡単に説明しましょう。

１９６２年の夏のことです。マズローはカリフォルニア州デル・マー市にあるノンリニア・システムズ社の工場に招かれ、客員研究員のような形で滞在しました。ノン・リニアシステムズ社は、創業者アンドリュー・ケイが開発したデジタル電圧計を製造しており、軍需市場や民間市場で当時大きな成功をおさめていた会社です。

ケイは発明家であるのみならず、たいへん有能な経営者で、ノン・リニアシステムズ社に進歩的な経営管理手法を積極的に導入していました。ケイが経営管理の参考にしたのは、ピーター・ドラッカーの『現代の経営』、ダグラス・マグレガーの『企業の人間的側面』、そしてマズローの『人間性の心理学』などの著作でした。ケイはマズローの理論に大いに興味をもち、ノンリニア・システムズ社での活動を実見してもらい、忌憚のない意見を聞くため、マズローを同社に招いたわけです。

マズローは同社に滞在し、会社の経営管理の実情や工場の製造ラインを観察します。また併せて、かつてまったく読んだことのなかったドラッカーやマグレガーの経営書にもふれます。こうして一気に書き上げたのが手記『産業と経営管理の社会心理学に関する夏の覚書（Summer Note on Social Psychology of Industry and Management）』です。もっとも「書き上げた」と書きましたが、実際はマズローの口述をテープレコーダーで録音し、助手がタイプしたものを謄写版刷りの冊子として出版したものでした。

それから3年後の１９６５年、同手記は編集を経て『ユーサイキアン・マネジメント（Eupsychian Management）』の名のもとに一般の書籍として書店に並びます。２年後の67年には『自己実現の経営』（原年廣訳、産業能率大学出版部）として日本語版も出版されました。

残念ながら本国アメリカでの販売は振るわず、同書はほどなく書店から姿を消して世間から忘れ去られてしまいます。ところが初版が絶版になって37年後、マズローの娘アン・カプランが出版社に同書の再出版をもちかけました。こうして実現したのが、１９９８年に出版された『マネジメントにおけるマズロー（Maslow on Management）』でした。そして、こちらの日本語版が２００１年に『完全なる経営』として出版されたわけです。

紆余曲折を経た『完全なる経営』は、旧版の内容に加えて、編集者がさまざまな業界のリーダーに対して行ったインタビューをふんだんに盛り込んでいます。マズローの理論やその実効性が業界のリーダーの口をとおして語られる趣向です。また、マズローの手記に関連するコラムも充実していて、マズロー理論をより深く理解できる内容になっています。

一方でマズロー本人が記した手記の個所ですが、こちらは『可能性の心理学』と同様、マズローが思いついた話題が次々と登場する「とりとめないスタイル」になっています。『可能性の心理学』は講演原稿がもとになっていたように、『完全なる経営』はマズローの口述がもとになっていますから、これもいた仕方ないことかもしれません。

また、マズローによると、この手記を一般書籍として出版する際、不適切な表現やわかりにくい表現、くだけた言い回しなどの削除や変更、それに参考文献の明示はしたものの、誤りを正したり、自分の偏見を覆い隠したりはしなかったということです。

マズローにとって本書は、経営学という新たな分野に初めて接した理論心理学者が、その第一印象を率直に書き綴ったものでした。マズローは本作品の「第一版への序文」で「専門家が見過ごしているものを駆け出しの人間が見いだすということが、しばしばある。過ちを犯すことや、経験不足と見られることを怖れない気構え。必要なのはそれだけだ」（『完全なる経営』「第一版への序文」P43）と書いています。一般書籍にする際に加筆や削除をほとんど行わなかったのは、このような理由からでした。

そういう意味で本書には、心理学者が経営学に接して、それが自分の専門分野にきわめて重要であること、また心理学が経営学に重要であることを率直に認識した様子が、あとから手を加えられることなく記録されています。

以下、マズローは当時の経営学をどのようにとらえたのか、心理学は経営学にどのような貢献をできるのかといった疑問について、『完全なる経営』を通じてマズローの考えを明らかにしていきたいと思います。

## ●マズローの造語「ユーサイキア」とは何か

ここではまず、英語版の初版のタイトルに用いられた「ユーサイキア（eupsychia）」の話から始めましょう。このユーサイキアという語はマズローの造語です。『完全なる人間』の監訳者金井壽宏によると、ユーサイキアは「eu ＝よい、psyche ＝心、魂、ia ＝場所、祭典」という語幹の組み合わせであり、この場合「よい心の状態」を意味します。「ユーサイキアン（eupsychian）」はその形容詞になります。

マズローはユーサイキアを「千人の自己実現者が外部からいっさい干渉を受けない島に暮らした場合に生まれる文化」（『完全なる経営』「第一版への序文」Ｐ44）と定義しました。それは社会を構成するメンバーの基本的な欲求が満たされており、それぞれが自己実現を達成できる理想社会のことです。これに加えてマズローは、「心理学的に健康を目指す動き」「健康志向」「心理療法家や教師などが人間の精神的健康を高めようとして取る行動」という意味もユーサイキアには含まれていると述べています。

マズローは健康な人間、卓越した人間を研究対象にすることを人間性心理学の基礎にしました。その中心的役割を果たしたのが自己実現あるいは自己実現的人間です。繰り返しふれているように、私たちは理想的人間像である自己実現的人間をモデルにすることで、自分自身とのギャップを知り、その溝を埋めることで成長に役立てることができます。

一方でマズローが『完全なる経営』で用いるユーサイキアとは、人間の本性はどれほどいい社会を築けるのか、社会の本性はどれほどいい社会を築き得るのか、こうした疑問に回答することです。そして、仮にユーサイキアの姿を描くことができるとすれば、ちょうど私たちが自己実現的人間を成長のための理想的なモデルとしたように、ユーサイキアを理想的なモデルにすることで、現在の社会や文化とのギャップを明らかにできます。このギャップを埋めることが、社会や文化の変革に結びつくに違いありません。

また、初版の書籍のタイトルが『ユーサイキアン・マネジメント』とあるように、マズローはユーサイキアの考え方を企業の経営管理原則にも適用します。もっとも、順序としては、マズローがノンリニア・システムズ社を見学することが契機となってユーサイキアの考え方が生まれたのでしょうから、まずは企業や組織に適用する理想像としてユーサイキアを考え、その考え方が社会や文化まで拡大したと考えるのが適切かもしれません。

ユーサイキアを企業や組織にあてはめるということは、たとえば１００人の自己実現的人間から成る企業や組織について考えることを指します。仮にそのような企業や組織を想定できるとしたならば、企業の理想的なモデルとして利用できるでしょう。マズローは、『完全なる経営』のなかで、ドラッカーらの経営理論をときに支持し、ときに批判しつつ、マズロー自身による企業の理想的モデルの構築を目指しています。

## ●ハイ・シナジーな社会とロー・シナジーな社会

マズローが、ユーサイキアやユーサイキアン・マネジメントの中核に据えたのが「シナジー」の考え方です。一般にシナジーの意味は「相乗効果」と考えられています。広辞苑では「経営戦略で、事業や経営資源を適切に結合することによって生れる相乗効果のこと」と定義しています。広辞苑が指摘するように、いまやシナジーという言葉は、経営管理で用いるケースが多いようです。

しかしながら、マズローが用いたシナジーの定義は、現代の私たちが一般的に理解しているシナジーの概念とはかなり異なっています。マズローが念頭に置くシナジーを一言で表現すると、「利己的な行為が他人のためになり、利他的な行為が自分のためになる様子」を指しています。いわば利己主義と利他主義という二項対立を超越した状態がシナジーにほかなりません。

そもそも右記のような意味合いでシナジーという語を用いたのは、マズローが師として敬い、マズローの自己実現の研究の発端にもなった文化人類学者ルース・ベネディクトでした。日本とも関わりの深いベネディクトについて若干説明を加えておきましょう。

1887年生まれのベネディクトはマズローと21歳年齢が離れています。結婚後の34歳から人類学を学び始め、やがてコロンビア大学の教授に就くという、少々ユニークな経歴の持ち主です。また、ベネディクトは、太平洋戦争中の1943年にアメリカ政府の情報局に勤務し、日本人および日本文化の調査に携わっています。

この調査でベネディクトは、得意の人類学的手法を駆使し、かつて日本に住んでいた宣教師などからのインタビュー、豊富な文献資料、映画、さらには戦場で入手した日本人の日記など膨大な資料から、敵国日本の本質に迫ります。やがてこのときの調査は、終戦後の1946年に世に出た著作『菊と刀』に結実します。同書は日本人の精神性を解き明かした意欲作で、日本語版は1948

年に出版され、それ以来現在まで読み継がれています。

ベネディクトがシナジーという語を最初に用いたのは、コロンビア大学の准教授だった１９４１年春、アメリカのブリンマー大学のアンナ・ショー記念講義でのことでした。この時にベネディクトは、原始的文化の健康度を示す言葉としてシナジーを用いました。

ベネディクトは人類学の研究の一端として、北米各地のインディアンを精力的に実施調査してきました。この現地調査の過程でベネディクトは、好感がもて愛着を感じる種族がいる一方で、どうしても好きになれない無愛想な種族がいることを知りました。ベネディクトは便宜上、前者を「安定した文化」をもつ種族、後者を「不安定な文化」をもつ種族と呼びました。前者にはズーニー族やアラベッシュ族など、後者にはチャックチー族やオジブアー族などが含まれていました。

ベネディクトは種族によって生じる文化の違いを明らかにするために、種族別の地理や気候の条件、種族の規模、富、複雑性を比較してみます。しかし、これといった決め手が見つかりません。試行錯誤の末、ベネディクトがようやくたどり着いたのが「ハイ・シナジー」と「ロー・シナジー」による両文化の分類でした。ここでは、ハイ・シナジーとロー・シナジーに関するベネディクトの記述を、マズローの『人間性の最高価値』から引きましょう（シナジーに関するベネディクトの講義原稿は失われており、わずかにその一部がマズローの『人間性の最高価値』に引用されています）。

**目立って非攻撃的な社会では、その一員の同じ時の同じ行動が、その人の利益だけでなくその**

集団全体にも役立つような社会機構を備えているということである。（このような社会において）非攻撃的であるということは、その中に住む人びとが非利己的で、個人的な欲望よりも、社会に対する義務観念が優先するからではなく、社会機構が、この二つの事柄を合致させるからである。

（中略）ロー・シナジー文化での社会機構は、その利害が相互に相反し、衝突するような行為をもたらし、ハイ・シナジー文化では、相互の利益がさらに増すような行為をもたらす社会機構になっているのである。……私が申し上げた高度な社会シナジーのある所では、その制度はその社会の産出するもので相互の利益をもたらすが、低い社会シナジーのある所では、一個人の利益は、他人を打ちのめしたうえ獲得した利益であり、打ち負かされた大半は、我慢をして、しのいでいかなければならない憂き目に逢う。『人間性の最高価値』Ｐ２３７（傍点はマズローによる）

ベネディクトが明らかにしたのは、ハイ・シナジーの文化では、利己的な行為が他人のためになり、利他的な行為が自分のためになる仕組みが社会に備わり、ロー・シナジーの文化ではそれが欠如しているということです。

その結果、ハイ・シナジーの文化では、人と人の間に摩擦が少なく非攻撃的になります。対するロー・シナジーの文化では、勝つか負けるかで利益を得るか損失を被るかですから、人はどうしても攻撃的で非協力的にならざるを得ません。この違いが「安定した文化」と「不安定な文化」の違いを生み出している、とベネディクトは結論づけたわけです。

## ●マズローのハイ・シナジー体験

マズローは１９３０年代の一時期、ベネディクトに師事しており、彼女の強い勧めもあって、ブラックフット・インディアンの現地調査に出かけています。これが１９３８年のことです。実はこの調査でマズローは、ハイ・シナジーな社会を実体験しています。

ブラックフット族では、毎年6月後半に「太陽踊りの祭礼」で「贈与式」と呼ぶ儀式を行っていました。この儀式では部族の全員が集まり、部族の金持ちたちが1年間働いて蓄積した財を、部族の貧しい者に分け与えます。その際に金持ちは、自分の1年間の行いを尊大な身振りで語り、いかにも誇らしげに彼の財産を未亡人や孤児に分け与え、やがて彼はほぼ一文無しになってしまいます。そして、最も多く分け与えた者が、部族の富裕者として尊ばれる仕組みになっており、逆に分け与えずに蓄財する者は部族の人から蔑まれます。

そのため、部族の事情などつゆとも知らぬマズローがブラックフット族を訪れた際に、部族で一番の富裕者に引き合わせてもらったところ、その人物は無一文に等しいことを知って、ずいぶん面食らったといいます。

また、マズローは、ブラックフット族の現地調査で通訳を担当したテディについても言及しています。テディはカナダの学校に行き大学教育を受けていました。ブラックフット族では知識の所有は富に結びつくため、部族ではテディも富裕者として認められていました。

テディはまた、ブラックフット族で唯一自動車を所有している人物でした。しかし、テディと常時一緒に仕事していたマズローは、自動車を運転するテディを見ることはありませんでした。その代わりに部族の者が代わる代わるテディのもとにやって来て、自動車のキーを借りていきます。テディは部族の仲間に自家用車を無料で貸していたのです。しかもガソリン代はテディ持ちですし、タイヤがパンクしたらテディが修理しなければなりません。「贈与式」ばかりか、テディの行いにもマズローはずいぶんと驚いたようです。

このようなブラックフット族の社会をシナジーという物差しで考えてみましょう。まず太陽踊りの祭礼の「贈与式」です。部族の金持ちが財産を貧しい人に投げ出すその行為は利他的行為です。しかしながら、金持ちはその行為によって部族全体から富裕者として高く敬われます。つまり金持ちは部族からの称賛という個人的利得を得るわけです。

一方で金持ちは、富裕者という称賛を得たいがために、所有するものを気前よく投げ出したとします。これは動機が利己的です。しかしながら、財産は貧しい人々に分け与えられるのですから利他的でもあります。つまり、「贈与式」は、「利己的な行為が他人のためになり、利他的な行為が自分のためになる仕組み」だったことがわかります。

次にテディのケースについて考えてみましょう。テディは自分が所有する自動車を部族の仲間に無料で貸しています。しかも修理やガソリン代もテディ持ちです。これは明らかに利他的行為です。

しかしこれによりテディは、部族でたった1台しかない自動車の持ち主というプライドと、人に感謝される満足感を得ています。これはテディにとっての個人的な利得です。

一方で、テディがプライドを満足させるために、仲間に自動車を貸しているとしたらこれは利己的行為です。しかしながら部族の仲間は、これにより自動車をタダで借りられるのですから、これは利他的行為になります。おそらく自動車をタダで貸す仕組みは、「贈与式」ほど形式ばったものではなく、ブラックフット族がもつ価値観がそうさせたのでしょう。しかしここにも「利己的な行為が他人のためになり、利他的な行為が自分のためになる仕組み」が見られます。マズローは次のように言います。

シナジーの備わった社会制度の下では、利己的な目的を追求することが必然的に他人を助けることにつながり、また愛他的・利他的で他人を助けようとする行動が、自ずと、そして必然的に自分自身にも利益をもたらすということである。これは利己主義と利他主義との二分法が解消されるということであり、利己主義と利他主義との対立や相互排他状態が見られる文化はいまだ成熟しきっていないということである。

『完全なる経営』本文Ｐ１５１

このように、シナジーは文化の程度、文化のレベルを測定する物差しになります。果たして現代社会、なかでも現代の日本社会は、ハイ・シナジーなのでしょうか、それともロー・シナジーなのでしょうか。

おそらく多くの人がロー・シナジーだと判断するでしょう。また、なかには、現代社会でブラックフット・インディアンに見られるような、ハイ・シナジーな仕組みを構築するのはそもそも不可能だと考えるむきもあるかもしれません。

しかしながら、現代社会のなかにも、きわめて身近にハイ・シナジーな仕組みを見て取ることができます。

## ●身近に見るハイ・シナジーな仕組み

ここに100人の商店主から成る商店街があります。このうち9割の商店主は自らの利益にしか興味のない、極めて利己的な人たちです。ただしわずか1割ではありますが、残りの商店主は商店街全体の発展を真剣に考えている、どちらかというと利他的な人たちです。

利己的な商店主は、自分の店により多くの客を呼び寄せたいという利己的な理由から、商店街の共有財産である店頭の道路を毎朝丁寧に掃除します。これは9割に及ぶ利己的な商店主全員に共通する習慣です。これに対して、残り1割の利他的な商店主は、商店街が少しでもきれいなほうが、より多くの客が訪れてくれるだろうという利他的な発想から、自分の店舗の前の道路を、これまた毎朝丁寧に掃除します。

この結果、こちらの商店街はいつも掃除が行き届いており、客も快適に買い物ができます。そのため商店街に対する評判は良好で、客足は衰えるどころか増えています。この商店街では一体何が起きたのでしょうか。シナジーの観点から考えてみましょう。

大多数を占める極めて利己的な商店主は、自らの利益のみを考えて店頭を掃除しました。しかし、結果的にこのことが、商店街全体を美しくすることになり、商店街全体の評価を高めることになりました。利己的な行為が、結果的に商店街全体のためになったわけです。

また、商店街全体のことを考えて店頭を掃除していた利他的な商店主は、商店街全体がきれいになることで初期の目的を達成できました。加えて商店街への客足も衰えるどころか増えているため、利他的な店主のお店の売上アップにも貢献するでしょう。つまり利他的な行為が自分の店の売上アップにつながったわけです。

いかがでしょ。この商店街で起こったことは、まさに「利己的な行為が他人（商店街全体）のためになり、利他的な行為が自分のためになる」ということです。身近に見られるハイ・シナジーの一例と言ってよいでしょう。

この商店街に見られるようなシナジーの仕組みが企業や組織にも埋め込まれていたとすれば、社員の利己的行為は会社のためになるでしょうし、会社のために行った行為は、社員の利益として還元されるはずです。マズローは『完全なる経営』のなかで次のように述べています。

優秀な人材がきちんとした組織に加われば、まず仕事が個人を成長させ、次に個人の成長が企業に繁栄をもたらし、さらに企業の繁栄が内部の人間を成長させるのだ。このように、仕事生活、すなわち生活のために収入を得る手段を正しく管理すれば、そこで働く人間は成長し、世界はより良いものとなる。

『完全なる経営』本文Ｐ２

この一節でマズローはシナジーという言葉を用いてはいません。しかし、マズローが示す個人と企業の関係には、ハイ・シナジーの様子が見て取れます。

またマズローは、企業や組織にシナジーの仕組みが埋め込まれていると、社員がもつ欲求のレベルに応じた経営管理を行えると考えました。この点を説明するには、マズローが『完全なる経営』で展開したドラッカーの経営論に対する批判についてふれなければなりません。

## ●マズローとドラッカー

１９０９年にオーストリア＝ハンガリー二重帝国のウィーンで生まれたドラッカーは、１９０８年生まれのマズローとほぼ同年代です。ドラッカーは、新聞記者やバンカーなどの職についたあとアメリカに移住します。ドラッカーといえばマネジメントという言葉が浮かびますが、ドラッカーが自身のマネジメント論でその名を知られるようになるのはアメリカ移住後のことです。

「ドラッカー＝マネジメント」を不動のものにしたのは、１９５４年に出版された『現代の経営』でのことです。同書は企業の経営管理全体を総合的に取り扱った世界最初の本に位置づけられており、いまでも経営論の古典として読み継がれています。

すでに述べたように、ノンリニア・システムズ社のアンドリュー・ケイは、ドラッカーの著作『現代の経営』をテキストにして、同社の経営管理を行なっていました。マズローもノンリニア・システムズ社に滞在した１９６２年の夏に、初めてドラッカーのこの著作にふれています。マズローはドラッカーをはじめとした、当時のいわゆる進歩的経営管理理論が、マズローの専門である心理学にとって重要であること、またその逆もしかりであるということを見出します。

とはいえマズローは、ドラッカーの『現代の経営』を手放しで受け入れたわけではありません。マズローはドラッカーの主張に対してなかなか手厳しい批判を繰り広げています。マズローは『完全なる経営』のなかでこう述べています。

> ここまで、ドラッカーに対する二つの批判を一まとめにして述べてきた。一つめは、ドラッカーの管理原則が効果を上げるためには、適用すべき人間を正しく選別する必要があるのだが、彼はその点をないがしろにしているという批判である。もう一つの批判は、世の中には邪悪な人間、病的な人間、たちの悪い人間がいるという事実を彼が見逃しているというものである。
>
> 『完全なる経営』本文Ｐ66

マズローが言うように、『完全なる経営』においてマズローは、ドラッカーに対して大きく二つの批判を繰り広げています。前者はともかく後者の意味は明らかだと思います。つまり世の中にはドラッカーの経営管理論には頭からそぐわない邪悪な人間が存在するという事実です。ドラッカーはこの事実を見過ごしているとマズローは指摘しているわけです。

一方、前者の批判は少々わかりにくいと思うので説明を付け加えましょう。マズローが言う「適用すべき人間を正しく選別する必要がある」とは、人がもつ欲求のレベルを把握する必要があると言い換えてもかまいません。

マズローは、「成長が可能であり、本人も成長を望んでいるような成熟した人間が対象ならば、ドラッカーの経営管理原則はきわめて優れたものだ」と述べます。しかし、ドラッカー理論が適用できるのは、低次の欲求が満たされていて、現在の境遇にも満足している理想的な人間であり、低次の欲求を満たしていない者に適用するのは難しい、とマズローは批判します。これは言い換えると、低次の欲求で動かされている人物には、ドラッカーの理論とは別の経営管理論が必要になることを示しています。

この点についてより詳しく説明するために、ここではドラッカーが『現代の経営』で取り上げている「3人の石工」の逸話を紹介したいと思います。

## ●ドラッカーが見落としたもの

マネジメントのセミナーでは、何をしているのかを聞かれた三人の石工の話がよく出てくる。一人は「これで食べている」と答え、一人は手を休めずに「国でいちばん腕のいい石工の仕事をしている」と答え、一人は目を輝かせて「教会を建てている」と答えたという。

ピーター・ドラッカー『［新訳］現代の経営（上）』P181

ドラッカーが示したこの3人の石工のうち、経営管理者にふさわしいのはどの人物でしょうか。

第1の男は、生活するために仕事をしています。そのため1日の報酬に見合った仕事しかしないでしょう。ドラッカーは、このような人物は経営管理者ではないし、経営管理者になることもない、とたった1行で切り捨てます。

また第2の男は、一見素晴らしい仕事をしているかのように見えます。しかし仕事は全体のニーズと関連づけることが欠かせません。「とにかくいい仕事」は得てしてこのニーズからずれる可能性が高まります。そのため、第2の男も経営管理者としては不十分だとドラッカーは言います。

一方、第3の男は、組織が目指す目標を理解して自分の責任を規定しています。組織の目標に貢献するよう自分の能力を発揮しているのがこの3番目の男です。ドラッカーは、この3番目の男こそが経営管理者にふさわしいと言います。

なお、ここでドラッカーが用いている「経営管理者」という語は「マネジャー（manager）」の訳語です。ドラッカーは企業や組織において、何らかの責任をもつものは、自分が自分を管理するという意味において誰しもがマネジャーだという立場をとります。したがって、ドラッカーが経営管理者（マネジャー）と言うとき、そこには働く人すべてが念頭にあると考えるのが妥当です。

このように考えると、ドラッカーにとって理想的なのは、働く人すべてが第3の男のようにあるべきだということになります。つまり、ドラッカーの経営管理論からは、第1の男や第2の男は切り捨てられていくわけです。

しかしながら、マズロー風に言うならば、すべての人が「成熟した人間」とは限りません。マズローの欲求階層論を尺度にするならば、成熟した人間とは低次の基本的な欲求を満たしている人たちを指します。しかし、現実はあらゆる人が低次の欲求から解放されているわけではありません。

第1の男は生活のために石工をしています。これは安定した暮らしをしたいがためだと考えると、欲求階層論の2番目にあたる「安全の欲求」を基礎に、第1の男は生きていることになります。たとえば、常に人員整理の危機に怯えている労働者は、「安全の欲求」に突き動かされて働く可能性が非常に高くなるでしょう。

また、第2の男は「いちばん腕のいい石工」を目指しています。いちばんの腕前か否かは、他の石工との比較が欠かせません。比較した上で第2の男の腕が最上ならば、いちばん腕のいい仕事をしたことになるでしょうし、他の石工も彼を賞讃するでしょう。

このように見ると、第2の石工は、外部からの承認や賞讃、他人からの尊敬を得ることを目指しているようです。これが正しいとすると、第２の石工は欲求階層論における「承認の欲求」に動機づけられていることになります。

実際、現実を見れば、生活のために仕事をしている人が多数いるわけです。同様に他人からの賞賛（昇進もその一種です）が働く原動力になっている人も大勢います。マズローからすると、ドラッカーはこのような現実を完全に見落としていると思えたようです。したがって、人間の成長を基礎に置く人間性心理学の見地からすると、第１の男や第２の男が、より高次の欲求に推移できるよう支援する必要があります。もちろんそうかといって、第３の男を無碍にするような経営管理策でもいけません。

もう少し別の観点から言うならば、第１の男や第２の男は、安全の欲求や承認の欲求に動かされています。これらの欲求は安全や承認、尊敬などの欠乏から生じますから、欠乏欲求と呼ばれていました。一方で、第３の男には組織とともに自分自身も成長しようという強い意欲が見て取れます。その意味で、欠乏欲求よりも成長欲求に突き動かされているのが第３の男だと言えます。

つまり、成長欲求に動機づけられた人物だけではなく、欠乏欲求に動機づけられた人間も含めて、双方をフォローするような経営管理策が必要になるということです。

実はこのような経営管理策実現のヒントがあります。シナジーにほかなりません。ここでは具体的な施策というよりも理論的な施策としてシナジーについて考えてみましょう。

## ●欠乏欲求と成長欲求の双方に向き合う

前提になるのは、企業や組織には欠乏欲求に支配されている社員もいれば、成長欲求に動機づけられた社員もいるという事実です。

欠乏欲求が支配的な社員は生活や名声、昇進のために働きます。これに対して企業が、それらの人たちの会社への貢献度に応じて、高い給与や高い評価を与えるとします。より貢献度が高ければ、給与も評価もより高まります。

欠乏欲求に支配された人たちは生活や昇進といった利己的な目的から、企業に貢献する活動を実践します。そうする方が、より高い給与や評価を期待できるからです。これは企業にとっても好都合です。社員の貢献度が高まれば企業の経営も上向くに違いないからです。つまり、本来は社員の利己的な目的に端を発していた活動が、企業の利益になるわけです。つまり欠乏欲求に支配された人たちの利己的な活動が、企業に貢献する活動になったわけです。

この活動が繰り返されると想定してみてください。これらの人たちの欠乏欲求はやがてかなり満たされることになるでしょう。マズローの欲求階層論によると、低次の欲求がある程度満たされると、一段上の欲求が支配的になります。欠乏欲求よりも一段上の高次な欲求とは成長欲求です。つまり、低次の欲求に甘んじていた人が、高次の欲求に移行するということは、企業での活動を通じて人間的な成長を達成できることにほかなりません。

次に成長欲求が支配的な人たちについて考えてみましょう。ドラッカーが想定するように、彼らは企業の目標を知り、自分自身のなすべきことを理解し、実行して企業に貢献します。利己的な側面よりも、企業への貢献という利他的な側面が優位な点が大きな特徴になっています。

一方で企業は、より貢献度の高い人に、高い給与や評価を与えます。その結果、成長欲求に支配された人たちは、給与や評価の面でも高い待遇を受けることになるでしょう。つまり、利他的な目的に端を発した活動が、自分のためになるわけです。

成長欲求における満足は次の成長への強い動機づけ、強力な刺激剤になります。結果、成長欲求が支配的な人たちは、企業への貢献を通じてさらなる成長を目指すことになるでしょう。成長欲求を満たすことで、その人のさらなる人間的成長が約束されるわけです。

以上で見てきたように、企業にシナジーの仕組みが埋め込まれていると、「利己的な行為が他人（企業）のためになり、利他的な行為が自分のためになる」ことがわかると思います。このシナジーの構造が高度なほど、企業にとっても、そこで働く人にとっても、お互いに高い恩恵が得られるわけです。

さらに、ハイ・シナジーに裏打ちされている企業で働く人は、人間的に成長する可能性が高くなる点にも注目すべきです。シナジーをもつ企業では、欠乏欲求に支配されていた人が心的に成長して、成長欲求を労働の主たる動機にする可能性が高まります。また、成長欲求が支配的な人は、企業への貢献によるその人の成長が、さらなる人間的成長を促す可能性が高まります。

先に「優秀な人材がきちんとした組織に加われば、まず仕事が個人を成長させ、次の個人の成長が企業に繁栄をもたらし、さらに企業の繁栄が内部の人間を成長させる」というマズローの言葉を紹介しました。シナジーのある企業や組織では、まさにマズローが指摘することが、現実に起こり得るのです。さらにマズローはこのようにも述べています。

あらゆる心理療法の究極の目標とは、人間を自己実現に向けて成長させることであり、自己実現において見られるメタ動機づけの状態へと向かわせることである。したがってまた、この究極の目標へと向かわせることが、いい社会、いい教育の果たすべき機能であると言うこともできる。

『完全なる経営』本文P72

同様のことは企業にも言えるはずです。人間を自己実現に向けて成長させるのは、社会や教育のみならず、企業や組織にもあてはまります。

人間は誰しも仕事に従事します。なかでも多くの人は企業に所属して働いています。仮に企業や組織に、人間性心理学の成果を応用できれば、人間の成長を促す新たな道が開くことも夢ではありません。このように、いわば企業や組織が「人間成長の拠点」になれるという着眼は、マズローが『完全なる経営』で主張した眼目の一つです。

## ●より良き社会を目指すマネジメント

しかもマズローのシナジーに関する考えは、個人と企業の関係のみにとどまりません。企業と地域社会、企業と国家にまで適用範囲が広がっていきます。これは、企業が人間成長の拠点のみならず、地域社会に貢献する拠点、よりよい社会を形成するための拠点になれるとする主張です。

企業に属する個々の社員は、企業という全体に包括された部分です。しかしこの部分がなければ全体としての企業は存在しません。同様に部分としての個々の社員は、全体としての企業に属してはじめて部分となり得ます。全体に属していないのならば、それはもはや部分ではありません。このように、企業と個々の社員は相互依存関係、言い換えると「入れ子構造的な関係性」にあることがわかります。

こうした相互依存関係により成立する全体像（いまの例だと企業）は、それよりも一段大きな相互依存関係が成立する全体像に含まれます。地域社会は企業にとってより大きな全体像と言えるでしょう。ここでも相互依存関係が成立します。また、地域社会はより大きな地域や国に含まれます。世界は国を含みます。いずれの場合も相互依存関係が成立します。

相互依存関係が成立した企業と個人では、その背景にシナジーの仕組みを適用することで、両者にとって好ましい結果を得られました。同様のことが、一段上のレベルの相互依存関係でも実現できると好都合です。もちろん実現の可能性はあります。

企業の活動は、利己的な側面を強調すると、利潤の追求になるでしょう。とはいえ、地域社会の顧客から利益を得ようとするならば、顧客のニーズに合致した優れた製品が欠かせません。優れた製品は地域の人々のニーズを解消する点で利他的です。また、企業の利潤が高まると、税収の増加など、地域経済も潤すためやはり利他的です。こうして、企業の利己的な活動は、地域社会の顧客や経済のためになります。

また現代の企業には、地域社会の一員であり、企業市民としての振る舞いが要請されています。それは、地域社会と友好な関係を結び、地域の福祉に尽くすことです。こうした企業の利他的な活動は、たとえば地域から優秀な人材を確保するのに役立つでしょう。こうして、利他的な活動が、結果としてその企業のためになります。

このように、企業と地域社会の相互依存関係にもシナジーの考え方を組み込めば、企業にも地域社会にも、双方にとって高い恩恵のある状況を作れます。同様のことは、ナショナル企業ならば国家との関係で、グローバル企業ならば世界との関係で達成できるに違いありません。

こうして、『完全なる経営――ユーサイキアン・マネジメント』におけるマズローは、企業はそこに属する人間を成長させるとともに、より良い社会、その理想形としてのユーサイキアの実現に貢献する存在になるべきだ、との結論に至ります。そして、その鍵になるのが、企業におけるユーサイキアン・マネジメントの実践だ、とマズローは主張します。

マズローの主張はあまりにも遠大です。そのため所詮夢物語に過ぎないと思う人も多いに違いありません。このようなな批判に対してマズローはこう述べています。

広い視野ではるか先まで見据え、価値を重視し、ユートピアを目指す勇気をもった経営者や組織論の専門家には、ほとんど出会ったことがない。

『完全なる経営』本文Ｐ73

可謬《かびゅう》主義という態度があります。可謬主義では、理想を追い求める私たち人間は常に間違える存在だと考えます。ただし間違えを見つけたら即座に改善します。それでもまだ間違いはあるでしょう。それを見つければやはり改善します。この繰り返しでより良い社会を目指すのが、可謬主義の態度です。

可謬主義からすると完璧な社会などあり得ません。人間が作ったものですからどこかに欠陥があるはずです。しかし人間は、たとえ完璧な社会の実現は不可能だとしても、完璧な社会を目指すことはできます。

同様のことはマズローが主張するユートピアにも言えるのではないでしょうか。マズローの描くユーサイキアは夢物語かもしれません。しかしユーサイキアの実現を目指すことはできます。人間は間違いを犯す存在だからといって、夢まで捨てる必要はまったくありません。

# 第６章　『人間性の最高価値』――マズローの「Ｚ理論」を理解する

●書籍紹介

訳　者　上田吉一
出版年　１９７３年
出版社　誠信書房

●目　次

第七部　超越と存在心理学
第八部　高次動機
付論

## ●マズロー理論の全貌を一望する

マズローの死後に出版された『人間性の最高価値』の「序文」を読むと、この書籍が世に出た興味深い経緯がよくわかります。「序文」を書いたのはマズローの妻バーサ・マズローです。

バーサによると、マズローは1969年に、『人間性の最高価値』の出版を計画し、各章を構成する論文を選択したといいます。さらに、新しい追加資料、丹念なまえがき、あとがき、原稿全般にわたる手直しと更新、これらの実行をマズローは考えていました。そしてちょうど、新しい資料の追加に着手しようとしていた1970年6月8日、マズローは心臓発作で急逝します。

同年秋、バーサはマズローの身代わりになって本書を編集するか、それとも元の原稿のまま論文集として発行するか、いずれかの選択に迫られます。結局バーサが選んだのは後者で、編集自体は最小限にとどめられ『人間の本性の深遠に至る（The Farther Reaches of Human Nature）』として1971年に世に出ました。日本語版のタイトルは『人間性の最高価値』で、上田吉一の翻訳で

１９７３年に出版されました。

全８部23章と付論から成り、それぞれの部にはテーマが設けられており、関連する論文が集められています。部のテーマは「健康と病気」「創造性」「価値」「教育」「社会」「存在認識」「超越と存在心理学」「高次動機」となっており、マズローが追究してきた学問領域の広さをうかがわせています。

個々の論文に目を通すと、従来のマズローの考え方を補足洗練し、あるいはアップデートしているものが多数ある一方で、従来の著作にはなかったまったく新しい主張も見られます。マズローが人間性心理学を構築するなかで扱ってきた問題がほぼ網羅されており、マズロー心理学を包括的に理解できる書籍になっています（ただし欲求階層論に関する新たな言及は特になく、この説に関しては『人間性の心理学』に目を通す必要があります）。

ここでは以下、マズローが『人間性の最高価値』のなかで従来の考え方を補足洗練している重要な個所について紹介したいと思います。そのあとで、本作品ならではの新しい主張を紹介したいと思います。

最初に取り上げるのは、「第三章　自己実現とその彼岸」です。本書の第一章で、マズローが自己実現の研究に踏み出す経緯についてふれました。それはマズローが師と仰いだマックス・ウェルトハイマーとルース・ベネディクトについて、観察ノートを作り、２人に共通する点、一般化できる点を探ることから始まりました。実はこの経緯についてふれているのは、『人間性の心理学』ではありません。『人間性の最高価値』の「自己実現とその彼岸」に記されているものだったのです。

また同論文には、マズローの自己実現論を補足しアップデートする記述も見られます。たとえば、B価値に対する欲求が満たされないときに生じる魂の疾患である「高次病」もその一つです。残念ながら高次病に関する詳しい説明はありませんが、通常の満たされぬ欲求の問題を取り扱うカウンセラーが必要なように、満たされないB価値への欲求から生じる疾患を救う高次カウンセラーの必要性をマズローは指摘しています。

さらに、同論文にある「自己実現へ向かう行動」も、自己実現をさらに深く理解するために、ぜひとも読んでおきたい個所です。ここでは、自己実現へ向かうために人間が実践すべき行動を8種類提示しています。

たとえばその第2番目では、人生を次から次へと選択する過程と考えたうえで、選択には成長の選択と退行の選択の2種類があり、1日に何十回とある選択の段階で、恐れの代わりに成長への選択をすることが、自己実現への道だとマズローは説きます。

## ●非聖化と再聖化

また、最後の8番目では、自分自身をトータルに理解し、何から自分の身を守ろうとしているのかを明らかにすることの重要性を説いています。マズローの言葉を引きましょう。

第八番目。自分が誰であり、何であり、何が好きで何が嫌いか、何が自分のためになって何が害になるのか、どこへ行こうとしているのか、何が自分の天職か、というようなことを見つけ出すことは、自分自身に、自分を開くことによって可能であり、精神病理学の暴露を意味する。それは、防衛を見きわめることであり、防衛が見きわめられたら、それらをあきらめる勇気を見つけることを意味する。これらは、苦しいことである。なぜなら、防衛は、不愉快なものに対して立てられているからである。

『人間性の最高価値』Ｐ61

ここでマズローが言う「防衛」とは、抑圧の一種です。抑圧は問題解決のよい方法ではないため、取り去るべきだとマズローは述べているわけです。そのうえでマズローは、防衛の一つとして「非聖化」という考えを提示しています。

非聖化とは本来ものごとに備わっている価値や徳の可能性を疑い俗化することです。たとえば男性や女性はＢ価値の観点から見ることができますが、Ｄ価値の観点からも見ることもできます。男性をＢ価値の観点で見ると「父なる神、全能、支配者、合理的、知性」という象徴的な意味合いを見出せます。しかしＤ価値の観点から見て俗化すると「暴力、略奪者、紛争の世界に生きる」ような存在に映ります。あるいは、定年退職した男性を「濡れ落ち葉」と見るのも、仕事が欠乏した結果ですからＤ価値が基準になっています。

また、女性をＢ価値の観点から見ると「女神、美、優しさ、加護、慈悲」などの価値を見出せますが、D価値の観点から見て俗化すると「性欲の対象」になり下がります。

非聖化とは世の中をB価値ではなくD価値の観点で見る態度です。ものごとがもつ高次の価値を拒否し、俗化することで取り扱いを容易にする態度とも言えます。B価値を抑圧することから、これも防衛の一種であり、極端に進展すると高次病に発展することも考えられます。この非聖化に関して興味深い話があります。

ある保育園では、午後8時までに保護者が子どもを迎えに来るのが規則になっていました。ところが一部の保護者はたびたび規則を破っていました。苦慮した保育園では、時間までに迎えに来ない場合、罰金をとることにしました。ところが罰金という新たな規則ができると、逆に時間に遅れる保護者の数が増加しました。保護者の一部が、この新たな規則を「お金さえ払えば時間に遅れてもよい」と理解したためです。

規則を守ることは人にとって義務であり、平気で規則を破ることは道徳に反します。道徳に反するからこそ、多くの保護者は時間を守って午後8時までに子どもを迎えに行きます。しかし、規則にお金の原理が入り込むことで、もはや時間に遅れることが道徳的に正しいか否かを考える必要はなくなりました。時間を過ぎた場合、お金さえ支払えば問題は解決します。もはや道徳によって人を律することができなくなったわけです。道徳が非聖化されたわけです。

マズローによると、非聖化されたものの価値を再び輝かせることが、自己実現に欠かせないと指摘しています。マズローはこれを「再聖化」と呼びました。いまの保育園の例で言うならば、罰金の規則を撤回し、再び保護者の道徳心に訴えるのが再聖化の道になるでしょう。

しかしその道はなかなか容易ではなさそうです。というのも、道徳心に訴えるということは、時間に遅れる保護者の心的成長、言うならば自己実現へ向かう意思の芽生えを待たなければならないからです。

## ●X理論とY理論

前章ではユーサイキアの背景にあるシナジーについて詳しくふれました。実はこのシナジーに関する記述は、前章で扱った『完全なる経営』よりも、『人間性の最高価値』の「第五部　社会」、なかでも「第十四章　社会および個人におけるシナジー」に詳しく記されています。前章で述べたブラックフット・インディアンに関する記述も、『人間性の最高価値』が情報元になっています。したがって、ユーサイキアやユーサイキアン・マネジメントを深く理解するには、『人間性の最高価値』が必読です。

加えて、この『人間性の最高価値』には、ユーサイキアン・マネジメントを実践するうえで、きわめて重要な新たな考え方が提出されています。マズローが第二十二章で言及する「Z理論」がそれです。これは自己実現者をマネジメントするための経営管理策について述べたものであり、人間性心理学における重要なキーワードの一つに数えられています。マズローはこのZ理論について『人間性の最高価値』で詳しくふれています（『完全なる経営』にも若干の記述があります）。

しかしZ理論とはこれまた抽象的な命名で、具体的な経験を重視したマズローにしてはどこか不自然な名のようにも思えます。実はこれには理由があって、Z理論よりも前にX理論とY理論が存在したからです。これらに続く理論であることからZ理論というわけです。したがって、Z理論についてふれるには、先だってX理論とY理論について説明するのが順序になるでしょう。

X理論とY理論は経営学者ダグラス・マグレガーが１９６０年に出版した著作『企業の人間的側面（The Human Side of Enterprise）』で主張した人間観です。同タイトルの日本語版が１９６６年に出版されています。

まず、X理論の人間観です。この人間観では、人は生まれながら仕事が嫌いで、できれば仕事をしたくないと考えています。そのため、企業目標を達成するには、統制や命令、処罰でもって彼らを強制的に働かせる必要があります。そもそも普通の人は命令されるのが好きで、責任を回避し、野心をもたず、安全を望むものなのです——。X理論では人間をこのように見なしています。

次にY理論です。こちらの人間観では、仕事で心身を使うのは人間の本性だと考えます。人は自ら進んで目標に向かい、自ら自分にムチを打って働くものです。献身的に目標達成につくすかどうかは報酬次第です。条件次第では責任を引き受けるばかりか、自ら進んで責任をとろうとします。企業の問題に対して創意工夫をこらす能力はたいていの人に備わっています。そもそも現代の企業においては、従業員の知的能力はほんの一部しか活用されていません——。Y理論では人間に対してこのような見方をしています。

旧型で伝統的な経営管理では、X理論を基礎にして人間を見てきました。これに対してY理論は、人間を前向きでより積極的な存在としてとらえている点で、X理論の人間観とは対照的です。現代の経営では、X理論ではなくY理論の人間観を前提にしてマネジメントを実践すべきだとするのがマグレガーの主張です。以来、マグレガーの主張は、経営管理論の教科書に必ずといってよいほど登場するようになります。

自分自身の人間観がX理論なのかY理論なのかを知る簡単なテストがあります。次の問いに答えてみてください。

1. 人間は信頼に値すると信じているか。
2. 人間は責任や義務を担おうとするものであると信じているか。
3. 人間は仕事に意義を求めると信じているか。
4. 人間は生まれながらに学習欲求をもっていると信じているか。
5. 人間は変わることには抵抗しないが、変えられることには抵抗すると信じているか。
6. 人間は怠惰よりも働くことを好むと信じているか。

『完全なる経営』本文P23

以上の質問を通じて、自分自身や自身が所属する企業や組織の人間観を確認してみてください。

『完全なる経営』の編集者は、企業がその人間観を明らかにすることは、企業の使命や価値観の表明に劣らず重要なことだと指摘しています。

## ●マグレガーの主張に対するマズローの所感

マズローは、ノンリニア・システムズ社に招かれた1962年にマグレガーの著作『企業の人間的側面』を初めて読みます。その際の所感が『完全なる経営』に記されています。

まず、X理論とY理論が、マズロー自身の欲求階層論や動機づけ理論を下敷きにしているという指摘です。実際マグレガーは『企業の人間的側面』で、マズローの欲求階層論をかなり詳しく解説しています（ただし本文にマズローの名は出てきません。わずかに「参考文献」にマズローと著作『人間性の心理学』の名が列挙されているのみです）。

そのうえで、現代の労働者は、生理的欲求や安全の欲求は比較的満たされているため、もっと高次の欲求を満たすような動機づけが欠かせないとマグレガーは主張します。そのためにはY理論のような人間観を基礎にして、こうした人間の欲求を満たすような動機づけを行うことが、企業の生産性を高めるのに役立つと主張しています。

マグレガーのこうした主張に対してマズローは、Y理論が確実に正しいと言い切れるにはまだまだデータ不足だという立場をとっています。そもそもY理論はマズローの研究をその背景にもちますが、マズローは自分自身の研究を、Y理論の土台として用いるには、まだまだ不確実であることを他ならぬ自分自身が知っていると述べています。

たとえば、動機づけに関するマズローの研究は、神経症患者を対象にしたものです。この神経症の研究を工場労働者の研究に適用する妥当性が十分にあるのか。マズローはこのような疑問を呈しています。

また、Ｙ理論も含めた進歩的経営管理理論では、人間に全幅の信頼を寄せる傾向があります。しかしながら、全労働者のなかで技能の向上を積極的に求める人は何割か、業務の非効率を積極的に改善しようとする人は何割か、あるいは権威的な上司を好む人は何割か、自分で考えるよりも指示される方を好む人は何割か、こうしたデータは決定的に不足しており、Ｙ理論の正しさを支持するには欠かせない、とマズローは指摘しています。

では、マズローはＸ理論の支持者なのでしょうか。もちろん決してそういうわけではありません。マズローは、Ｘ理論が支持される証拠は、Ｙ理論以上に見あたらないと主張しています。Ｘ理論は単に習慣的・因習的な見方であり、このような人間観で経営管理を行えば、労働者が別様の行動をとるのは不可能だというのがマズローの立場です。マズローはこう言います。

> 話をまとめよう。Ｙ理論的経営管理哲学が確実に正しいと言いうるためには、いまだ根拠が不十分だ。しかし、Ｘ理論に確固たる基盤を与える証拠は、それ以上に少ないのである。
>
> 『完全なる経営』本文Ｐ１０７

もっとも、のちにマズローはX理論やY理論を念頭に、先にもふれたZ理論を提示します。その意味で、マズローがY理論をまったく信頼していなかったわけではなさそうです。それでは、マズローが提示したZ理論がいったいどのようなものか、引き続きその点について見たいと思います。

## ●Z理論とは何か

本書の第3章では、マズローが自己実現的人間を、超越的な自己実現者と超越的でない自己実現者に分類した点についてふれました。これにより、マズローの欲求階層論は、5段階ではなく6段階になる点についても述べました。自己実現的人間を階層化あるいは等級づけする考えは、『人間性の最高価値』収録の「第二十二章　Z理論」の冒頭で述べられています。

私は最近、自己実現する人びとを二種類（いや等級といった方がよいかもしれないが）に区別した方がはるかに好都合であると考えるようになった。すなわち、一つは、明らかに健康であるが、超越経験をほとんどあるいはまったくもたない人びとと、他は、超越経験が大へん重要であり、その中心にさえなっている人びとである。

『人間性の最高価値』P330

超越的な自己実現者は、B価値に動機づけられて行動するのが大きな特徴になっていました。これに対して超越的でない自己実現者は、もっと実際的で現実的、世俗的であり、いまこの世界を生きている人々です。彼らはマズローが言う、欠乏欲求の満足が中心となるいわば「Ｄ領域」の世界で多くを生きています。

マズローは、超越的でない自己実現者の特徴はマグレガーが指摘するＹ理論におおむね合致している、と述べます。ところが、超越的な自己実現者については、Ｙ理論があてはまるどころか超越してしまっている、というのがマズローの所感です。こうしてマズローは、超越的な自己実現者を対象とした人間観としてＺ理論の必要性を説くわけです。Ｚ理論はＸ理論とＹ理論の連続線上にありますが、階層を形成しているというのがマズローのイメージです。

Ｚ理論を明確にするためには、超越的な自己実現者の特徴をより詳しく記述する必要があるでしょう。マズローは得意の現象学的方法によって、超越的自己実現者に関する24項目もの特徴を列挙して、超越的でない自己実現者との違いを明らかにしています。その特徴をいくつか示します。

・至高経験や高原経験（絶頂というより、静かで瞑想的なＢ認識）が人生の最も貴重な一面になっている。
・自然にＢ価値に関する言葉が出てくる。
・世俗的なもののなかにも神聖さを認める。
・意識的に高次欲求に動機づけられている。

・美に対して敏感に反応する。
・世界を全体的に見ており、人類はひとつであり、宇宙もひとつだと考えている。
・シナジーへの傾向を自然に備えている。
・改革者や新しい事柄の発見者になることが多い。
・知識の増加と神秘性や畏怖の増加が正の相関として見られる。

『人間性の最高価値』P335〜347

第1章ではマズローの欲求階層論を解説しながら、欲求の階層ピラミッド図と、そのピラミッド図を四角形で囲んだ発展図を紹介しました。実はこの発展図にさらに手を入れると、超越的な自己実現者と超越的でない自己実現者をさらにイメージしやすくなります。図4がそれです。

こちらの図では、ピラミッドを囲んだ四角形を、さらに円で囲っています。ピラミッドが象徴するのは現実的存在としての私たちでした。そのピラミッドを囲む四角形は、五つの欲求を十分に満たした可能的存在、自己実現的人間としての私たちでした。

ここでは考え方を若干修正して、この四角形を超越的でない自己実現者として位置づけたいと思います。そうすると、四角形を囲む円は、四角形の枠を越えて描かれていますから、超越的でない自己実現者を超越した存在、すなわち超越的な自己実現者を象徴することになります。

図4　超越的な自己実現者を象徴する

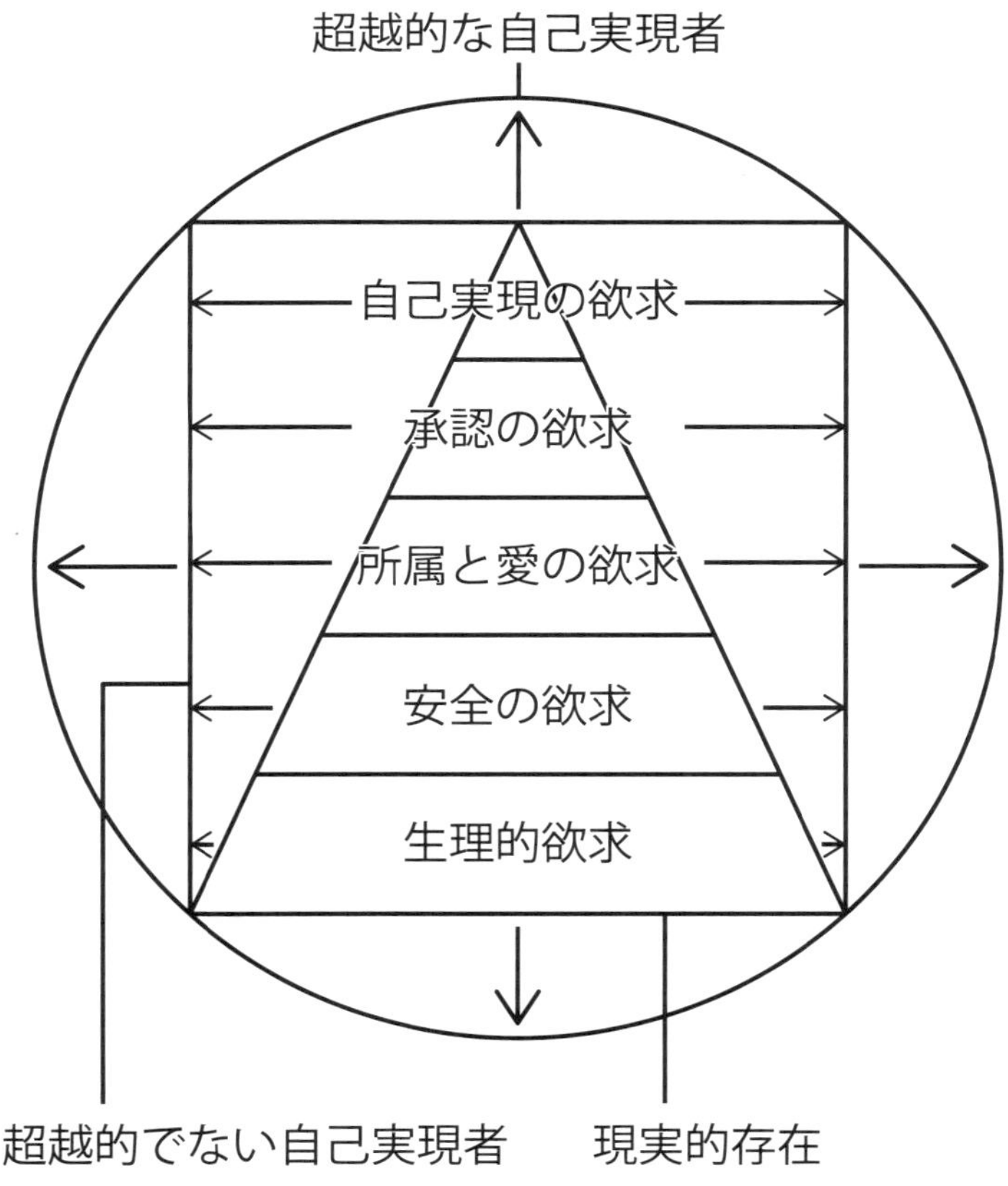

第1章では、現実的存在である私たちとしての三角形を、自己実現的人間である四角形へと変えるよう努めなければならないと述べました。いまやこれだけでは不十分です。さらに私たちは超越的でない自己実現者としての四角形から、超越的な自己実現者である円形への成長を目指します。三角・四角・円の組み合わせは、この人間の心的成長を象徴的に示しています。

## ●Z理論に基づくマネジメント

話を再びZ理論に戻しましょう。ここでは論文「Z理論」でマズローが示した超越的な自己実現者の特徴として、23番目に挙げている項目に着目したいと思います。超越的な自己実現者に対する報酬のレベルと種類に関する内容です。マズローは次のように記しています。

「報酬のレベルと種類」の問題に、注意を喚起したいと思う。決定的に重要なのは、金銭以外に多くの種類の報酬があり、人格の豊かさや成熟度が増すにつれて、金銭自体の重要性は徐々に後退し、高次の形をとった報酬が、徐々に重要性を増してくる、という事実である。

『人間性の最高価値』P345

あえて報酬に関する話題を取り上げたのには理由があります。マグレガーはY理論の人間観に基づいた経営管理の必要性を説きました。同様にZ理論による人間観を基礎にした場合、いかなる経営管理が欠かせなくなるか、この点と右記の報酬に関する話題が密接に関連するからです。

超越的でない自己実現者は、主に欠乏欲求が支配するD領域で生きます。これに対して超越的な自己実現者は、主に成長欲求や高次欲求が支配するB領域で生きることが特徴になっています。「D」とは「欠乏（deficiency）」、「B」とは「生命、存在（Being）」の略でした。

欠乏欲求の満足に金銭は欠かせません。しかしながら、欠乏欲求が十分に満たされ、高次欲求の世界で生きる超越的な自己実現者には、金銭よりも金銭では買えないB価値の認識や経験が重要になります。これがマズローの言う「高次の形をとった報酬」の意味です。

B価値には、全体性、完全性、完成、正義、躍動、富裕、単純、美、善、独自性、無礙、遊興、真実、正直、現実、自己充足がありました。いずれもこれ以上還元し難い抽象的な価値です。

超越的な自己実現者は、これらの価値に対して、「自己の外部の」何らかの仕事を通じて接近し経験します。この点については、『人間の最高価値』の「第二十二章　Z理論」に続く「第二十三章　高次動機の理論」に詳しい解説が見られます。このなかから、超越的な自己実現者のマネジメントに深くかかわる、仕事に関連する項目を拾ってみます。

・超越的な自己実現者はすべて何らかの仕事、職業、天職、大切な業務に献身している。
・理想的な例においては、内からの欲求と外部からの要請、「したいこと」と「しなければならないこと」とが、一致する。

・この水準においては、仕事と遊びとの二分法は超越される。給料や趣味、休暇その他を、もっと高い水準で定義しなければならない。

・このような、仕事を愛する人びとは、「仕事」を自己と同一視し、彼らにおいては、仕事が自己を定義づける特徴となる。仕事が自己の一部になるのである。

・彼らが献身している仕事は、本質的価値の化身ないし権化として理解することができるように思われる。仕事は、これらの価値を具体的なものにするがために愛される。つまり、最終的に愛されるのは仕事そのものよりもむしろ、それらの価値なのである。

『人間性の最高価値』P353~361

このように、超越的な自己実現者は、存在と仕事が一体となってB価値を追求するようです。そのため超越的な自己実現者は自分自身で、自らの仕事を高度にマネジメントしていると考えるのが妥当です。その意味で従来の経営管理理論は、超越的な自己実現者にとってもはや無用の長物なのかもしれません。

マズローはユーサイキアを「千人の自己実現者が外部からいっさい干渉を受けない島に暮らした場合に生まれる文化」と表現しました。ユーサイキアン・カンパニーを想定すると「100人の超越的な自己実現者から成る企業」となるでしょう。このユーサイキアン・カンパニーでは、企業に関わる全員が単なる従業員ではなく共同経営者（パートナー）になる、というのがマズローの考えです。

　社員は共同経営者のように考え、共同経営者のようにふるまう。そして、企業に関わるあらゆる責任を担うようになる。緊急時ともなれば、どんな役割でも、自主的・自発的に担おうとするのである。パートナーシップとシナジーとは同じことなのだ。　『完全なる経営』本文Ｐ１２４

　この文章は『完全なる経営』からの引用ですが、ユーサイキアン・カンパニーの特徴をよく示していると思います。超越的な自己実現者が仕事を自己の一部とするならば、仮に彼が従業員だとしても、企業は彼の一部になるはずです。仕事をすることと企業に勤めることは同じ意味だからです。マズローは、このような意味から超越的な自己実現者を「共同経営者」と位置づけているわけです。そして、共同経営者である超越的な自己実現者は、利己的な目標が企業のためになり、利他的な目標が自分のためになるわけです。

## ●超越的な自己実現者とＢリーダーシップ

　超越的な自己実現者がもつ特徴は、経営管理論の重要な一部であるリーダーシップ論にも強い影響を及ぼします。

民主主義社会の場合、リーダーを選ぶ際に選挙という方法を用いてきました。しかしマズローからすると、選挙には大きな欠陥があります。それは、候補者の顔ぶれが利己的な人間、権力を求める病的な人間ばかりになってしまうからです。この点に関してマズローは、近年のアメリカを目撃したかのような驚くべき記述を残しています（念のためですが、マズローは１９７０年にこの世を去っています）。

権力を求めるような人間こそ権力を手にすべきではないのだ。なぜなら、彼らの権力追求は病的であり、そのことが頭をはなれないからである。こうした人間は権力を悪用しがちなのだ。つまり、他人を圧倒し、制圧し、傷つけるために、換言すれば、本人の自覚の有無や精神の健康度の如何にかかわらず、自己満足を得るために権力を用いるのである。このような人間がリーダーになると、状況は混乱し、課業、職務、あるいはそのときどきの客観的要件は忘れられるか、まったく無視されてしまう。彼の関心事は自分自身のこと、神経症の自己治療、そして自己満足を得ることなのだ。

『完全なる経営』本文Ｐ２１４

マズローの言葉を聞いて、誰しも現在のアメリカの指導者であるドナルド・トランプ大統領を想起するのではないでしょうか。仮にマズローが生きていて、分断され機能不全に陥るいまのアメリ力を目撃したとしたら、「ほら、私の言ったとおりでないか」と独りごちるのではないでしょうか。

それはともかく、これに対してマズローは、リーダーとしてふさわしい人物は「その状況における客観的な要件をだれよりも鋭く見抜き、それ故にまったく利他的であるような人間」（『完全なる経営』本文Ｐ２１４）だと述べています。マズローはこれを、機能的な側面がリーダーシップを特徴づけることから「機能的リーダーシップ」、あるいは「Ｂリーダーシップ」と呼んでいます。

このようなＢリーダーシップを発揮する可能性が高いのはどのような人物だと思いますか？

答えは、その状況下で問題を解決する能力が十分にあるのであれば、超越的な自己実現者がＢリーダーシップをより効果的に発揮できます。決して選挙で選ばれた人物ではありません。

古典的なリーダーシップ論では、「他人に影響を及ぼしうる者」「他人を統制しうる者」「他人を意のままに操ることのできる者」が重視されました。そのためリーダーシップは、特権や搾取、所有、贅沢、地位、人を支配する力と容易に結びつくきらいがありました。リーダーシップをこれらから分離するには、リーダーの地位につく人は特権や搾取から超越しているのが理想です。超越的な自己実現者はＢ価値に動機づけられていますから、特権や搾取からはきわめて縁遠い人たちです。

また、リーダーの地位に就いた人は、とかく弱者や権利の少ない人、有能でない人からの妬みや突き上げに合うものです。そのためマズローは、リーダーに支払う報酬を再考すべきだと考えます。マズローの主張を聞きましょう。

彼らに支払う金銭の報酬を他の人びとよりも多くしないで少なくし、「高次の報酬」のかたちで支払うことである。これまでに並べてきた原理から（参考文献八三　筆者注：『完全なる経営』を指す）このことが、自己実現者と心理的発達の遅れている人びとの双方を満足させ、人間の歴史を通じて見られる、排他的、敵対的な階級ないしカースト間の闘争の発展に終止符を打つであろうことが導き出される。

『人間性の最高価値』P３４６

先に「報酬のレベルと種類」に関するなかで、マズローが「人格の豊かさや成熟度が増すにつれて、金銭自体の重要性は徐々に後退し、高次の形をとった報酬が、徐々に重要性を増してくる」と述べた点についてふれました。金銭に執着しない超越的な自己実現者がリーダーの地位につけば、欠乏欲求が中心の「心理的発達の遅れている人びと」から恨みや妬みをかうこともないでしょう。また、リーダーとしての地位が高くなるほど、金銭的な報酬が低くなれば、リーダーの地位と金銭のしがらみは大きく低減します。これはリーダーの地位から特権や搾取、所有、贅沢を排除する効果を期待できます。

## ●ユーサイキアン・マネジメントは実現可能なのか

Bリーダーシップは、ユーサイキアン・マネジメントの中核にすえられるべき考え方のように思います。しかしマズローの考え方は、従来のマネジメントに深刻な影響を及ぼします。破壊的と言ってもよいかもしれません。

たとえば、ユーサイキアン・マネジメントのコンサルタントがいるとしましょう。彼はある企業と契約し、ユーサイキアン・マネジメントの導入をはかることになりました。その一環としてこのコンサルタントは、経営者や経営幹部に対してＢリーダーシップの話をすることになります。

彼は企業の経営陣を前にして、リーダーになる者の心得として、金銭的報酬に執着するのではなくＢ価値の達成を報酬にするよう説きます。そのうえで、居並ぶ経営陣に対して、金銭的報酬を最低限、たとえば安全の欲求や生理的欲求が脅かされないレベルまで引き下げることを提言します。

果たしてこのような提言を受け入れる経営者や経営陣が存在するでしょうか。皆無ではないかもしれません。いま注目を集めている社会起業家などはＢリーダーシップを発揮する人物像に近い存在かもしれません。しかしながら、一般的な企業ではとうてい受け入れられる内容ではないでしょう。この企業は早晩コンサルタントとの契約を解消するに違いありません。

また、このコンサルタントも生活をしていかなければなりません。生活の安全が脅かされてはいけないので、結果、このコンサルタントは安全の欲求に従って、ユーサイキアン・マネジメントの看板は下ろし、Ｂリーダーシップに関する話もしなくなるに違いありません。

現在もマズローの理論を背景にしてコンサルタントを行う組織やコンサルタントがいるようです。しかし、Ｂリーダーシップについて語ることは、おそらく一切ないでしょう。そういう意味でマズローの理論は、現代のマネジメントにとって理想に走りすぎた劇薬なのです。

しかしながら、前章の終わりで見た可謬主義の立場からすると、理想を100％達成することは不可能かもしれませんが、理想を目指すことは可能です。

いまや世界の富は極端に偏っています。このような時代だからこそ、マズローが主張するユーサイキアン・マネジメントやBリーダーシップには傾聴すべき意味があるのだと思います。理想の達成は困難かもしれません。しかし、マズローのように理想に燃えることも大切です。

# 第７章『マスローの人間論――未来に送る人間主義心理学者のエッセイ』
## ――マズロー理解に欠かせない一冊

●書籍情報

訳　者　上田吉一、町田哲司
出版年　２００２年
出版社　ナカニシヤ出版

●目　次

## ●マズローの未発表論文集

原題『未来を見通す力——アブラハム・マズローの未発表論文集（Future Visions —— The Unpublished Papers of Abraham Maslow）』は１９９６年にエドワード・ホフマンの編集の下に出版されました。日本語版は２００２年の出版で、邦題は『マスローの人間論——未来に送る人間主義心理学者のエッセイ』となっています。

エドワード・ホフマンは臨床心理学者で、マズローや心理学者アルフレッド・アドラーの詳細な伝記を執筆した人物としても知られています（ホフマンによるマズローの伝記は「エピローグ」で再度ふれたいと思います）。原典のタイトルにあるように、本作品はマズローの未発表論文を集めたものです。

全3部34章から成り、「人格、成長、セラピー」「心理学再構築」「経営、組織、社会的変化」という3つの部のテーマのもとに関連する論文を集めています。また、冒頭にはホフマンによるマズローの小伝を載せています。

34章のそれぞれ1章が、１本の未発表の論文（あるいは手記）にあたります。ホフマンはそれぞれの章の冒頭で、該当する論文（手記）に関する簡単な解説を加えています。これを読むと、よくまたこのような未公開論文が手に入ったものだと、驚きを隠せません。

また、未発表だったのにもかかわらず、マズローの先見やきらりと光る警句、思索遍歴の意外な転機などをあちこちに発見できます。人としてのマズローをもっと深く理解したい人には必読の書と言えます。本章では、ここまでとは趣向を変えて、『マスローの人間論』に掲載されている、心に響く一節をいくつか取り上げて、筆者の所感を記したいと思います。

マズロー自身の至高体験

そんなある夜、夜警のアルバイトをしていた家具屋で勤務に就いていた時のことである。ただひとり『習俗』を読んでいて、突然強烈な畏怖と崇敬の念に襲われた。それは一種、身の凍るような、総毛立つような至高経験であった。単純に幸福だったのではない。不気味なほどの神秘と自己の卑小さ、無力さのようなものも同時に感じていた。

「文化と人格について私が早期に受けた啓示」P35

マズローが急逝する4日前の1970年6月4日に執筆されたきわめて貴重な手記からの引用です。この手記のなかでマズローは、1932年頃、ウィスコンシン大学でルース・ベネディクト、マーガレット・ミードらと出会ったことで、あまりにも自民族中心に偏った現代の心理学に気づき、以後文化人類学を副業にする決意をしたと記しています。これはマズローの思索遍歴を知るうえでも重要な一文になっています。

また、右に引用したマズローの体験は、ウィリアム・グラハム・サスナーの著作『習俗』を読んでいたときのものです。至高経験について記したマズロー自身が、至高経験の体験者だったことが、この記述からわかります。この経験を契機にマズローは、サスナーにならって、哲学、心理学、人類学に貢献できるよう力を尽くそうと誓ったと述べています。こちらもマズローの思索遍歴における転機を知るうえでとても重要な記述です。

幸福を得るための処方箋

幸福そのものを直接追い求める行為は、心理学的に言って、生き甲斐ある生を営むための手段としては、まったく役に立たないようである。幸福というものは、実際には何か別のものに不随して起こってくる現象、副産物であるらしい。その時点では気付かなくても後で振り返ってあの時は幸福だったと認識できるのは、なにより、やり甲斐ある課題、価値ある目的に没頭し献身した時である。

「幸福の心理学」P40

こちらはマズローが1964年11月に幸福について記した小論「幸福の心理学」からの引用です。一般に幸福は追い求めるもの、追求するものだと考えがちです。マズローはそのような考えが間違っていることをここで指摘しています。一見回り道のようですが、「やり甲斐のある課題、価値ある目的に没頭し献身」することが幸福に至る道であり、あとで振り返るとあの時は幸福だったと感じられる、とマズローは言います。それゆえ幸福は「副産物」だというわけです。

マズローのこの言葉から、心理学者ミハイ・チクセントミハイが示した「フロー体験」を想起する人もいるでしょう。フロー体験とは、何らかの活動に時間を忘れて没頭する状態を指します。体験した多くの人が、「よどみのない水の流れ（フロー）の中にいるような状態」と指摘することから、この名称がつきました。

チクセントミハイによると、「目標が明確で、迅速なフィードバックがあり、そしてスキル（技能）とチャレンジ（挑戦）のバランスが取れたぎりぎりのところで活動している時」（ミハイ・チクセントミハイ『フロー体験入門』Pⅲ）にフロー体験が起こりやすいと指摘しています。つまり、やり甲斐のある課題や目標について、その挑戦のレベルが自分自身のスキルより若干上のとき、つまりバランスが取れているとき、人は目標に向けて没頭できるという主張です。

チクセントミハイの言うフロー体験は幸福な状態ではありません。なぜなら、幸福かどうかなど考えていたら、目標に向けて没頭できないからです。目標を達成したあとで、まさに副産物のように湧き起こってくるのが幸福感だということです。

自己実現とは、自分がもつ潜在能力をすべて出し切って自分自身になることでした。また、前章の『人間性の最高価値』で、「超越的な自己実現者はすべて（「自己の外部の」）何らかの仕事、職業、天職、大切な業務に献身している」と述べました。仕事を通じて自身がもつ能力の開発を継続し、高い目標の達成、さらに高い目標の達成を目指していけば、一生をフロー体験の連続にすることも夢ではないはずです。こうして人は息を引き取るとき、自分の人生に満足感、幸福感を覚えるのかもしれません。

インスタントな自己実現への苦言

エサレン研究所のような場所では、勤勉、鍛錬、生涯にわたる努力にもっと力点が置かれなければならない。意識の段階は、一段一段、徐々に登っていかなければならないのだ。（中略）エサレンの研究員は、人格の成長を、「ビッグ・バン」のような途方もない内的飛躍と見る傾向にある。しかし、むしろ真の成長は、生涯にわたって続く仕事なのである。

「自発性を越えて エサレン研究所批判」Ｐ１６９

ここでマズローは、自己実現が、突然出現し、人を一瞬にして内的に飛躍させると信じている人たちに警鐘を鳴らします。自己実現は、「私は、今週の木曜日三時二三分に、自己実現を達成した！」（『人間性の最高価値』Ｐ63）といった類のものではないということです。

なお、右の手記に「エサレン研究所」「エサレンの研究員」という言葉があります。こちらについては若干説明が必要かもしれません。

１９６２年にカリフォルニアに創設されたエサレン研究所は、サイコセラピーや瞑想、ボディ・ワークショップなどを通して、人間が潜在的にもつ可能性の開発を目指す組織です。ニューエイジ・ムーブメントの拠点としてエサレン研究所は広く知られるようになります。

マズローはここで何年間か、定期的にセミナーを開催していました。しかし、どこか即席で自己実現を達成できると考えるエサレン研究所の人々に、マズローは嫌気がさしたようです。この未公表の手記は、ある意味でエサレン研究所との決別を表明した重要な文書だとも言えます。

## 生物学的特質よりも重要なもの

自由意志は生まれた瞬間からはじまる。私がもって生まれた天賦の才と肉体で何を「するか」ということの方が、遺伝的に受け継いだ生物学的特質よりも明らかに重要なのである。生物学的特質の形成に関しては私には何もできない。しかし、天賦の才と肉体と何であれ私に与えられたものを使って何をするかは私の責任である。そしてそれについては、別の意味で誇ったり恥じたり罪を感じたりできるのである。

「生物学的不公平と自由意志」Ｐ91～92

１９６９年７月に執筆された論文「生物学的不公平と自由意志」は、遺伝子学の進展により問題になってきた、生物学的決定論と自己実現の関連について考察した非常に重要な論文です。

人間には、生物学的に健康に生まれる人もいれば不健康に生まれる人もいます。美しい人がいれば醜い人もいます。人間はこうした生物学的不公平に無力です。しかしこの不公平を呪ってもしかたがありません。これは天恵の問題であり人ができることは限られています。

この現実を受け入れたとき、生物学的不公平よりも重要なものがあることがわかります。それがここでマズローの言う、天賦の才と肉体で何を「するか」ということです。生物学的な特質は自分の責任ではありません。しかし何をして何を達成するかは自分の責任で行わなければなりません。その際に、能力と才能を最大限に開発し、高い目標、さらに高い目標を達成していくことで、それぞれの人間が、誠実にかつ徹底的に自分自身であることができます。

**自己実現は勝ち負けではない**

**自分自身であるというこの課題に関しては、それぞれの個人がみな勝利者になる得るだけでなく、地球上に住む全人類がまさしくこの意味で同時に勝利者となることもできるのである。人生における勝利や成功は、他者の敗北ということをもって規定されてはならない。**

**「生物学的不公平と自由意志」P95**

同じく「生物学的不公平と自由意志」からの一節です。徹底して自分自身になること、自己実現に向けて邁進すること、この活動は他人を打ち負かして勝利をもぎとる性質のものではありません。仮に勝ち負けがあるとすれば、それは自分との勝負になるのでしょう。そして、すべての人が自分との勝負に打ち勝てば、マズローが言うように、全員が勝利者になることも夢ではありません。

とかく私たちは、自分と他人を比較して、能力や才能が劣っていると歎きます。しかし、他人の能力や才能が落ちるようにし向けることはできません。これは自分でコントロールできない領域です。自分の力でコントロールできるのは、自分自身に関する領域です。この領域で高い目標を掲げて能力を開発することはできます。開発するかしないかは自分自身にかかっています。大事なのは他人との比較ではなく、昨日の自分より今日の自分が、今日の自分より明日の自分が、成長しているかどうかという点です。

本質的罪悪感

どんなことであれ己の課題を立派にやる者は、まさに考え得る限りの最善を成しているのである。これは、あらゆる条件、状況下、人生のあらゆる瞬間におけるあらゆる人間に適用される一般的原理である。もし自分の力の及ぶ限りのことをしていないならば、人は当然罪の意識を覚えるだろう。私が「本質的罪悪感」と呼んでいるのはこのことで、このような個人は自己の内なるより高次の本質を侵し、裏切っているのである。

「生物学的不公平と自由意志」Ｐ93

こちらも「生物学的不公平と自由意志」からの一節です。ここでマズローは「本質的罪悪感」という言葉を用いて、自身がもつ才能や能力を最大限に開発してことにあたらない人を批判的に見ています。

マズローは万人が成長欲求を所有し、自己実現に向けて進むものだと考えていた節があるようです。もっとも、マズロー自身が述べているように、欠乏欲求が満たされていない人は、成長欲求が容易にかき消されてしまいます。このような人が、最善を尽くしてないからといって、本質的罪悪感を抱くかどうかは疑問です。ただし自己実現的人間が自分自身の成長に責任をもたないとき、マズローが言うように本質的罪悪感を感じるでしょうし、感じなければならないはずです。

ヨナ・コンプレックス

われわれが記憶しているように、ヨナに関する聖書の話は、彼が予言のために神に呼ばれた。だが、彼はその仕事を恐れた。彼はそこから逃げようとした。しかし、ヨナがどこへ逃げようと、かくれ場所を見出すことができなかった。結局、彼はこの運命を受け入れなければならないことを悟った。彼は、為すことを求められていることを為さねばならなかった、というものであった。

「ヨナ・コンプレックス」Ｐ73

マズローは誰もが自己実現を目指せるし、目指すべきだと考えていました。しかし「何故もっと多くの人びとが、彼らの人生における可能性を全面的に達成しようとしないのか」という疑問をもったようです。その答えの一つとしてマズローが考えたのがヨナ・コンプレックスです。

人間は最悪なものに対する恐れとともに、最上のものに対しても恐れを抱いています。この最上のものに対する恐れがヨナ・コンプレックスです。この傾向が強いと、人は本来なれる自分になろうとしません。ヨナのように、逃げ隠れしてしまいます。

しかし、宿命からは逃れられないというのがマズローの考えです。最上のものへの恐れを払拭して最上を目指すことが健康な人間のありかたです。

## 死を思え

**余命が一年だと想像してみる。**

**「高次の価値の世界に生きる」Ｐ１０７**

論文「高次の価値の世界に生きる」は、「人間が欠乏領域に生きながら、B価値を忘れずにいるにはどうすべきか」を問うものです。マズローはここで、B価値を忘れずにいるための具体的な処方箋を41種類（！）も提案しています。その内容はマズローに珍しく、ノウハウ的な記述になっています。たとえば、「一・物事を試してみる」「二・手段ばかりに気を取られず、常に目的を見つめる」「三・何のための手段であるかを忘れない」といった具合です。右で引用した「余命が一年だと想像してみる」もその手法について言及したものの一つです。

「メメント・モリ――死を想え」という言葉があります。つまり「余命が一年だと想像してみる」とは「メメント・モリ」にほかなりません。

あと1年しか生きられないとしたら、自分が本当に重要だと思うことを優先的に実行するでしょう。その際に、重要だと思うことの背景を検討することで、自分がどのような価値（B価値と言ってもいいと思います）を重要視しているかがわかるはずです。

マズロー自身の自己実現論批判

**私は自己実現の被験者を自分の基準で選んでいたのではないか？　私は自己実現の理論に自分の価値観を取り込んでしまっていないだろうか？**

「自己実現理論への批判」Ｐ48

１９６６年10月に執筆された未発表論文からの一節です。この論文では、マズローが打ち立てた人間性心理学の理論のなかで、まだ証明されていないにもかかわらず、自明の仮定として用いられているものを明らかにしています。いわば自らによる自らの批判です。

ここでマズローは人間性心理学への批判を11種類掲げています。右に掲げた引用は８番目の自己批判にあたります。ほかにも、「人生が無価値であると判断されるところでは、人間性心理学は価値を失うのではないか」「自分の義務を果たしただけだと主張するナチ党員についてどう考えるのか」など、批判と同時に人間性心理学をより深く考えるヒントが、この論文に詰まっています。

以上、『マズローの人間論』より目にとまった文章を取り上げて、思いついたことを記しました。基本的にこの作品は論文集ですから、興味あるテーマの論文を拾い読みして、気になる一文を見つけたら、本章で行ったように思索を深めてみるのも一興ではないでしょうか。

# エピローグ　マズロー心理学をさらに理解するために

## ●読んでおきたいマズローの伝記・解説書

本書ではマズローが遺した著作について紹介しながら、各著作を通じて人間性心理学を理解するうえで欠かせない重要キーワードについて解説してきました。

ここでふれた7冊のうち、少なくともいずれかに読者の皆さんは興味をもたれたと思います。それならば、ぜひとも一度はマズローの原典にあたることをお勧めします。本書でふれられなかった発見がきっとあるはずです。

また、本書を契機にして、マズローに関して書いた本をもっと読んでみたいという読者の方もいるでしょう。本書をしめくくるにあたり、マズローについて書いた、マズローをもっと理解するための書籍についてふれておきたいと思います。

エドワード・ホフマン著、上田吉一訳『真実の人間——アブラハム・マスローの生涯』（1995年、誠信書房）

本作品は『マスローの人間論』を編集した心理学者エドワード・ホフマンによるマズローの伝記です。『マスローの人間論』でホフマンは、マズローの未発表原稿を徹底的に掘り当てていますが、こらち『真実の人間』ではマズローの生涯をこれまた徹底的に掘り下げています。

ホフマンのこの書が貴重なのは、伝記というオーソドックスな形態でマズローの生涯と思索遍歴をたどっている点です。たとえばマズローは1930年代の終わりから1940年代の初めにかけて思想的な変化、ちょっと大袈裟に表現すると「人間主義的転回」を遂げています。ホフマンはマズローが転回を遂げたその経緯についても『真実の人間』に漏らさず記しています。

ホフマンはマズローの思想的転回の契機として、まずマズローがブラックフット・インディアンのフィールドワークを行った点を挙げています。このフィールドワークでマズローは、民族を超えた普遍的な人間性の存在に興味をもちます。

また、同じ頃マズローは第一子を授かり、さらに1940年代に入って間もなく第二子を授かります。こちらも思想的転回の大きな要因になったようです。

そもそも行動主義心理学を信奉していたマズローは、ジョン・B・ワトソンが述べたように、生まれたての赤ちゃんがいれば、行動を条件付けることでどのような人間にでも育てられると信じていました。しかしマズローは父親になり、天真爛漫で自分の好き嫌いを強固に意思表示する赤ん坊に接することで、ワトソンの考えが馬鹿げたものに思えてきたようです。

さらに第二次世界大戦の勃発により、心理学徒として世界平和への貢献を心から誓ったのも人間主義的転回への大きな動機になっています。これらが総合してやがてマズローは独自の人間性心理学を編み出すことになるわけです。そして、こうした経緯は、ホフマンの『真実の人間』なくして知り得ません。しかも著者が心理学者であることから、マズローの理論を専門的かつ平易に語ってくれるのも魅力的です。

マズローについて一歩踏み込んで理解したい人に、ホフマンの『人間の真実』は必読の書といえるでしょう。この著作が絶版のままなのは理解に苦しみます。なおホフマンの作品にはアルフレッド・アドラーの生涯を記した『アドラーの生涯』（岸見一郎訳、２００５年、金子書房）もあります。こちらもアドラーの生涯と思索遍歴を徹底して掘り下げた伝記になっています。

**フランク・ゴーブル著、小口忠彦監訳『マズローの心理学』（１９７２年、産業能率大学出版部）**

著者のフランク・ゴーブルは、やや変わった経歴の持ち主です。カリフォルニア大学機械工学科を最優秀の成績で卒業したゴーブルは、Ｄ・Ｂ・ミリケン社を設立し、同社社長に就任します。社長時代の46歳にゴーブルはマズローと運命的な出会いをし、後半生を人間社会の問題解決に捧げるべくカリフォルニア州サバディナにトーマス・ジェファーソン・リサーチ・センターを設立して所長に就任します。本作品はゴーブルが同センターの所長時代に執筆したものです。

ゴーブルは本作品において、マズローの人間性心理学を、第三勢力の心理学の見地から解説を試みています。その前提としてゴーブルは、旧勢力であるフロイト心理学や行動主義心理学のていねいな解説をして、マズローが心理学者として歩み始めた当時の心理学界の様子を俯瞰しています。

そのうえでゴーブルは、マズローが生涯に展開した主張について、従来の心理学・精神医学・社会科学を支配してきた考え方と比較しながらその特徴を解説します。もちろんそのなかでゴーブルは、本書で扱った欲求階層論や自己実現論、至高経験などについて詳しく解説しています。また、欲求階層論のパートではピラミッド型ではなく台形になっている「欲求の階層」を示しており、こちらはゴーブルならではの試みです。

ゴーブルは本作品の第一部でマズローの主要概念を紹介したあと、第二部でマズローの影響を受けた心理学者や精神医学者、行動科学者、経営者、コンサルタントらの考え方と研究を紹介しています。この第二部は他のマズローの解説書にないゴーブル独自の内容です。

また、ゴーブルには『苦悩と混迷を超えて——実践・マズローの人間性心理学』（国司義彦監訳、1983年、泉文堂）という作品もあります。この著作でゴーブルは、現代社会がもつ問題に対して、マズロー理論を援用しながらその解決策を探ります。取り上げられている問題は現代の日本と関わり深いものも多く、30年以上も前の本ながら、いま読んでもヒントを得られるでしょう。

**コリン・ウィルソン著、由良君美、四方田剛己訳『至高体験——自己実現のための心理学』（1979年、河出書房新社）**

著者のコリン・ウィルソンはイギリスの作家で、問題作『アウトサイダー』で衝撃的なデビューを果たした人物です。マズローとウィルソンは親交が深く、マズローの著作にはウィルソンの名前がしばしば登場します。

ウィルソンのこの作品では、マズローの至高経験（本作品では「至高体験」と表記されています）をタイトルにしていますが、決して至高経験に焦点を絞った内容というわけでありません。全体は3部構成になっており、第1部はマズロー以前の哲学・心理学の流れについて外観しています。第2部はマズローの小伝とマズローが提示した重要コンセプトを振り返っています。

そもそもウィルソンは、一貫して超越的経験に興味をもっていた人物ですから、マズローが提示した主張では至高経験や超越的な自己実現者、Z理論などにより多くのページを割いています。

最後の第3部は「現在地点」ということで、マズローを取り巻く現在の心理学・思想の潮流を示しています。ウィルソンの相変わらずの博識は当作品でも健在です。

またウィルソンの別の作品に『超越意識の探求』（松田和也訳、2007年、学習研究社）があります。こちらは至高経験によりスポットを当てた内容になっています。ウィルソン流の至高経験獲得法も開陳されているので、その筋に興味がある方は必読かもしれません。

**上田吉一『人間の完成――マスロー心理学研究』（1988年、誠信書房）**

著者の上田吉一は本作品出版当時、兵庫教育大学の教授職にあり、日本におけるマズロー研究の第一人者でした。マズローの著作『完全なる人間』『人間性の最高価値』の翻訳は上田の手によるものです。また、エドワード・ホフマンの『真実の人間』、ホフマン編『マスローの人間論』も上田による翻訳です。

管見ながらこの作品は、大学の教員がマズローの思想を総括して扱っている唯一の書籍ではないでしょうか。体裁はマズローが扱った重要キーワードごとに解説を試みるもので、編年体にこだわってはいません。扱うテーマは「マスロー心理学の基本概念」「欲求論」「高次欲求」「自己実現論」「認知論」「超越論」「創造性論」「教育論」「経営論」「科学論」となっています。内容はどこか教科書的な固いイメージがぬぐえませんが、マズロー理論の基礎を網羅的に理解するための基本図書になっています。

なお、本作品で上田は「マズローの欲求5段階説」を「欲求階層論」と表現しています。本書も上田の考え方を踏襲してこの表現を用いています。

以上、マズローについて書いた伝記・解説書について紹介しました。最後にもう1冊、手前味噌ながら拙著『マズロー心理学入門』（２０１６年、アルテ）についてもふれておきたいと思います。

本作品ではマズローの思索遍歴を「第1期　１９３０年代」「第2期　１９４０年代」「第3期　１９５０年代」「第4期　１９６０年代」の4期ととらえ、そのうえでマズローがそれぞれの時期に示した考えや理論を年代順に紹介しています。

筆者である私は心理学の専門家ではありません。専門家でない書き手が書いた作品のため眉唾本ではないかと推量する方もいらっしゃるかもしれません。しかしながら、「道教的受容」の態度で虚心坦懐にマズローを受け止め、そこから読者にとって理解しやすい抽象的体系を組み立てることはできます。

そのような態度で挑んだのが拙著『マズロー心理学入門』にほかなりません。

同作品は本書の姉妹作に相当します。本書『マズローを読む』が読者の皆さんの琴線にふれたとしたら、『マズロー心理学入門』もぜひご覧いただきたいと思います。

# おわりに

本書の第5章でピーター・ドラッカーについてふれました。私はドラッカーも、その生涯において自己実現を徹底的に目指した人だったのではないか、と考えています。

ドラッカーの著作に『創生の時』という、あまり知られていない作品があります。このなかでドラッカーは、自分自身が成果を上げ続け、成長と変化を続けられるようにしてくれた七つの経験について語っています。

ここで注目したいのはその最初の経験です。大学生だった18歳の頃、ドラッカーは毎週1回、オペラを聴きに出かけたといいます。大学生は無料だったため、1時間ほど前に行って並んでいると、売れ残った安い席の切符をもらえたそうです。

ある夜ドラッカーは、ジュゼッペ・ヴェルディのオペラ「ファルスタッフ」を初めて聴いて完全に圧倒されたと言います。ドラッカーにとって、あの夜の衝撃は一度たりとも忘れることがなかったといいます。

そこでドラッカーはヴェルディと「ファルスタッフ」について調べてみました。するとこのオペラは、1893年に当時80歳だったヴェルディが書いたものであることがわかりました。明るく人生のよろこびを歌い上げたあのオペラが、80歳の人の手によるものとは、当時のドラッカーには到底信じられませんでした。

しかもヴェルディは、当時最高のオペラ作曲家だったワーグナーと肩を並べるほどであり、すでに功なり名を遂げた人です。それでも80歳という高齢で、なぜこれほど難しいオペラを書き上げたのか、ドラッカーには疑問でした。

この疑問に対する解答を、ドラッカーはヴェルディ自身が書いた文章に見つけ出します。ヴェルディは「ファルスタッフ」を書いた理由を次のように説明したといいます。

音楽家としての全人生において、私は常に完全を求めてきた。そしていつも失敗してきた。私には、もう一度挑戦する責任があった。

ピーター・ドラッカー『創生の時』（1995年、ダイヤモンド社）P32

ドラッカーは、ヴェルディのこの言葉を忘れたことはなく、心に消すことのできない刻印として印されていると述べています。そしてドラッカーもヴェルディと同様の生き方を目指しました。ドラッカーは次のように述べています。

「あなたの本で最高のものはどれですか」とよく聞かれます。そのとき私は笑って「次の作品です」と答えます。これは冗談で答えているのではありません。ヴェルディが八〇歳のときに、それまでずっと取り逃がしてきた完全を追求して、新しいオペラを書いたときの言葉通りのことを意味しているつもりです。

『創生のとき』P34

可謬主義によると人間の作ったものに完全なものはあり得ません。どこかに問題があります。その問題を解消し続けることで完全により近づこうとするのが可謬主義の態度でした。

これと同じようにヴェルディやドラッカーも、完全を目指して作品を作りました。しかし可謬主義の観点からするとどこかに問題があるはずです。したがって、次の作品ではその問題を克服し、さらなる完全性を目指すことが、ヴェルディやドラッカーがとった態度だったと言えます。

第2章で見たように「完全性」は14種類あるB価値のうちの一つでした。ヴェルディやドラッカーは、生涯を通してこの価値を追い求めた人たちであり、その意味でやはり自己実現的人間だったと言えるように思います。

実は私は、右に紹介したドラッカーの言葉を読んで以来、ドラッカーと同じ態度で執筆することを肝に銘じてきました。もちろん本書も、同様の態度で書いたものです。もちろん不完全な点は多々あると思います。それらについては、この本を読んでくださった皆様のご指摘、ご批判をお待ちしております。

本書を書き終えて、アブラハム・マズローを単に「マズローの欲求5段階説」の提唱者としてとらえるのが、あまりにも偏狭すぎると改めて感じました。

人間が重視すべき最高価値がどこかないがしろにされる現代だからこそ、マズローの著作はいま読む価値があるように思います。

本書が「人間性の最高価値」を再聖化するきっかけになることを期待してやみません。

琵琶湖畔・大津勧学にて筆者識す

2018年3月

タ行



ナ行



ハ行

# 索　引

◆著者

**中野　明**（なかの　あきら）

1962年、滋賀県生まれ。立命館大学文学部哲学科卒業。ノンフィクション作家。同志社大学理工学部非常勤講師。著書に『マズロー心理学入門』『アドラー心理学による「やる気」のマネジメント』『アドラー心理学による「強み」のマネジメント』『ポジティブ心理学は人を幸せにするのか』（以上アルテ）ほか多数。

マズローを読む
——著作から読み解く人間性心理学

---

2018年4月25日　第1刷発行

著　　者　中野　明
発 行 者　市村　敏明
発　　行　株式会社　アルテ
〒170-0013　東京都豊島区東池袋2-62-8
BIGオフィスプラザ池袋11F
TEL.03(6868)6812　FAX.03(6730)1379
http://www.arte-pub.com
発　　売　株式会社　星雲社
〒112-0005　東京都文京区水道1-3-30
TEL.03(3868)3275　FAX.03(3868)6588
装　　丁　川嵜　俊明
印刷製本　シナノ書籍印刷株式会社

---


ISBN978-4-434-24555-8 C0011